D1753026

MARIO LUDWIG

Fearless Females

MOTHERS, HUNTERS AND TEACHERS

DIE WEIBLICHE SEITE DER TIERWELT

teNeues nature picture library

Mothers and Teachers

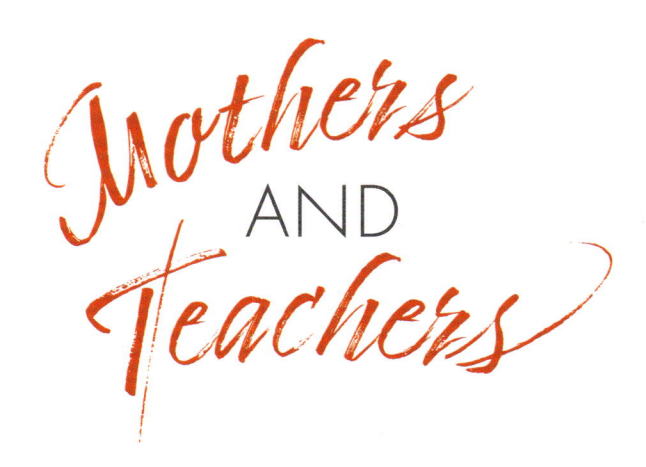

Passing on genes and knowledge / *Vererbung und Wissen* 6

Leaders of the Pack

Matriarchal societies / *Matriarchale Strukturen* 48

The Power of Choice

Sexual selection / *Freie Auswahl bei der Fortpflanzung* 88

Femmes Fatales

Deadly females / *Tödliche Weibchen* 130

Males Optional

Females that don't need males / *Männchen nicht nötig* 166

Biography / *Der Autor* 206

Picture Credits / *Bildnachweise* 207

Imprint / *Impressum* 208

10   16   22

28   36   42

52   58   64

70   76   82

92   98   104

4

110 116 122

134 140 144

150 156 162

170 176 182

188 194 200

Mothers AND Teachers

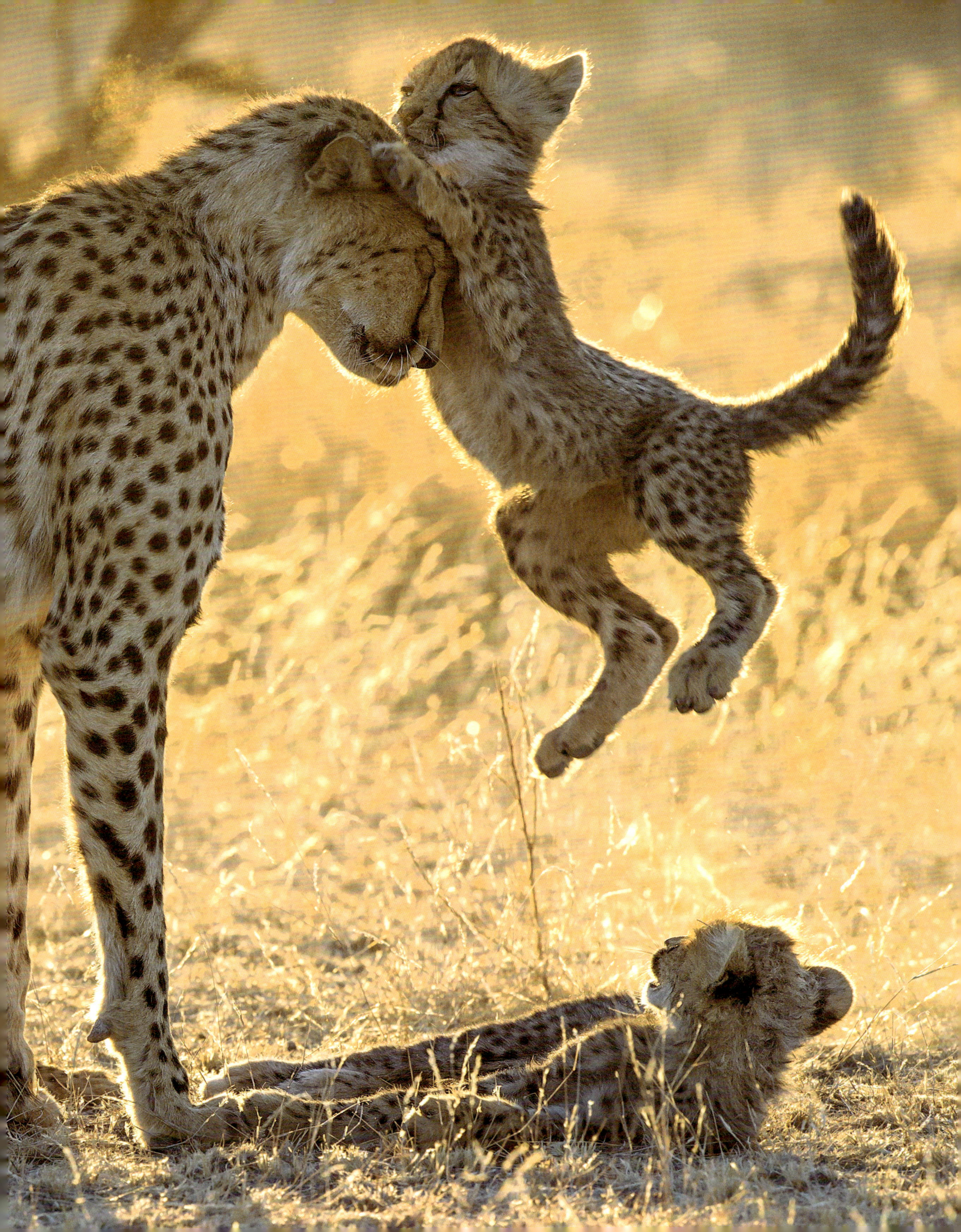

MOTHERS AND TEACHERS

RAISING, PROTECTING, TRAINING THEIR YOUNG—YOU WON'T FIND *bad mothers* HERE

Good mothers are not only in great demand among us humans, they are sought-after in the animal kingdom as well. After all, the division of roles in many animal families follows a classic pattern: Mom takes care of the offspring; Dad already left early on. Naturally, there are also some devoted fathers in the animal kingdom who help ensure that their young actually make it to adulthood. In most cases, however, it is the females who take care of the brood that is so vital for the preservation of their species. And this is often an enormous and time-consuming job, including much more than the actual business of breeding. The mothers not only care for their young with affection and provide them with warmth, water, and food, they often also have to camouflage or hide them well so they do not become prey to predators. In an emergency, mothers have to defend their offspring by risking their own lives. And of course, a mother should also be a teacher, patiently teaching her little ones all the important behaviors, tricks, and techniques that will later ensure their survival when their mother's protection is no longer available. Among elephants, maternal love and care last a lifetime. The older females of these gray giants even help their daughters raise their children, in other words, their own grandchildren. The care a mother provides doesn't always have to be as extreme as that of the Australian crab spider, *Diaea ergandros*; at the onset of winter, when food is scarce, she lets her offspring eat her alive to ensure their survival.

This raises the question: Are all mothers in the animal kingdom good, or are there bad ones as well? In Germany, the term "Rabenmutter" or "Raven Mother" refers to irresponsible mothers who provide very little care for their offspring, even harming them. This bad reputation of mother ravens, however, can be traced back to an incorrectly interpreted observation of nature. Young ravens like to leave the family nest before they are able to fly, and they sit below the nest on the ground, apparently completely alone and abandoned. This image, which at first glance seems pitiable, led to the assumption that the little ravens were abandoned by their mother or even thrown out of the nest. In reality, the opposite is actually true. Ravens care for their offspring almost tenderly, even when they have left the nest. The young ravens perched on the ground and supposedly abandoned are in fact provided with food and consistently protected from predators by both their mother and father for several weeks.

AUFZIEHEN, BESCHÜTZEN, TRAINIEREN – *Rabenmütter* GIBT ES NICHT

Gute Mütter sind nicht nur bei uns Menschen, sondern auch im Tierreich sehr gefragt. Schließlich folgt die Rollenverteilung in vielen tierischen Familien einem klassischen Muster: Mama kümmert sich um den Nachwuchs, und Papa hat schon frühzeitig das Weite gesucht. Natürlich gibt es auch im Tierreich einige aufopferungsvolle Väter, die kräftig mithelfen, dass ihr Nachwuchs auch wirklich das Erwachsenenalter erreicht. In den meisten Fällen sind es jedoch die Weibchen, die sich um die für die Erhaltung der Art so lebensnotwendige Brutpflege kümmern. Und das ist oft eine gewaltige und zeitraubende Aufgabe, wobei damit nicht allein das eigentliche Brutgeschäft gemeint ist. Die Mütter umhegen ihre Tierkinder nicht nur voller Zuneigung und versorgen sie mit Wärme, Wasser und Nahrung, sie müssen sie oftmals auch gut tarnen oder verstecken, damit sie keinen Fressfeinden zum Opfer fallen. Im Notfall muss der Nachwuchs unter Einsatz des eigenen Lebens verteidigt werden. Und natürlich sollte die Mutter zugleich eine Lehrerin sein und ihren Sprösslingen alle wichtigen Verhaltensweisen, Tricks und Techniken geduldig beibringen, die später ihr Überleben sichern, wenn der mütterliche Schutz entfällt.

Bei Elefanten dauern die mütterliche Liebe und Fürsorge ein Leben lang. Ältere Weibchen der grauen Riesen helfen ihren Töchtern sogar bei der Aufzucht ihrer Kinder, sprich der eigenen Enkel.

Dabei muss die Fürsorge ja nicht immer so weit gehen, wie dies bei der australischen Krabbenspinne mit dem wissenschaftlichen Namen *Diaea ergandros* der Fall ist. Die lässt sich nämlich am Beginn des nahrungsarmen Winters von ihren Sprösslingen bei lebendigem Leib auffressen, um deren Überleben zu gewährleisten.

Bleibt die Frage, ob es nicht nur gute, sondern auch schlechte Mütter im Tierreich gibt. Schließlich findet man kaum eine Tiermetapher, die so sehr für eine verantwortungslose Mama steht, wie der Begriff »Rabenmutter«. Ebenjene stehen ja im Ruf, sich nicht nur herzlich wenig um ihren Nachwuchs zu kümmern, sondern ihm sogar noch Schaden zuzufügen. Der schlechte Ruf der Rabenmütter geht jedoch auf eine falsch interpretierte Naturbeobachtung zurück: Junge Raben verlassen gerne das heimische Nest, bevor sie überhaupt fliegen können und sitzen dann scheinbar völlig einsam und verlassen unterhalb des Nestes am Boden. Dieses auf den ersten Blick bedauernswerte Bild führte zu der Vermutung, die kleinen Raben wären von ihrer Mutter im Stich gelassen oder sogar aus dem Nest geworfen worden. Dabei ist genau das Gegenteil richtig: Raben sorgen sich geradezu rührend um ihren Nachwuchs, auch wenn dieser das Nest verlassen hat. Die am Boden hockenden und vermeintlich im Stich gelassen Jungraben werden tatsächlich noch mehre Wochen lang sowohl von der Mutter wie auch vom Vater mit Futter versorgt und konsequent vor Fressfeinden geschützt.

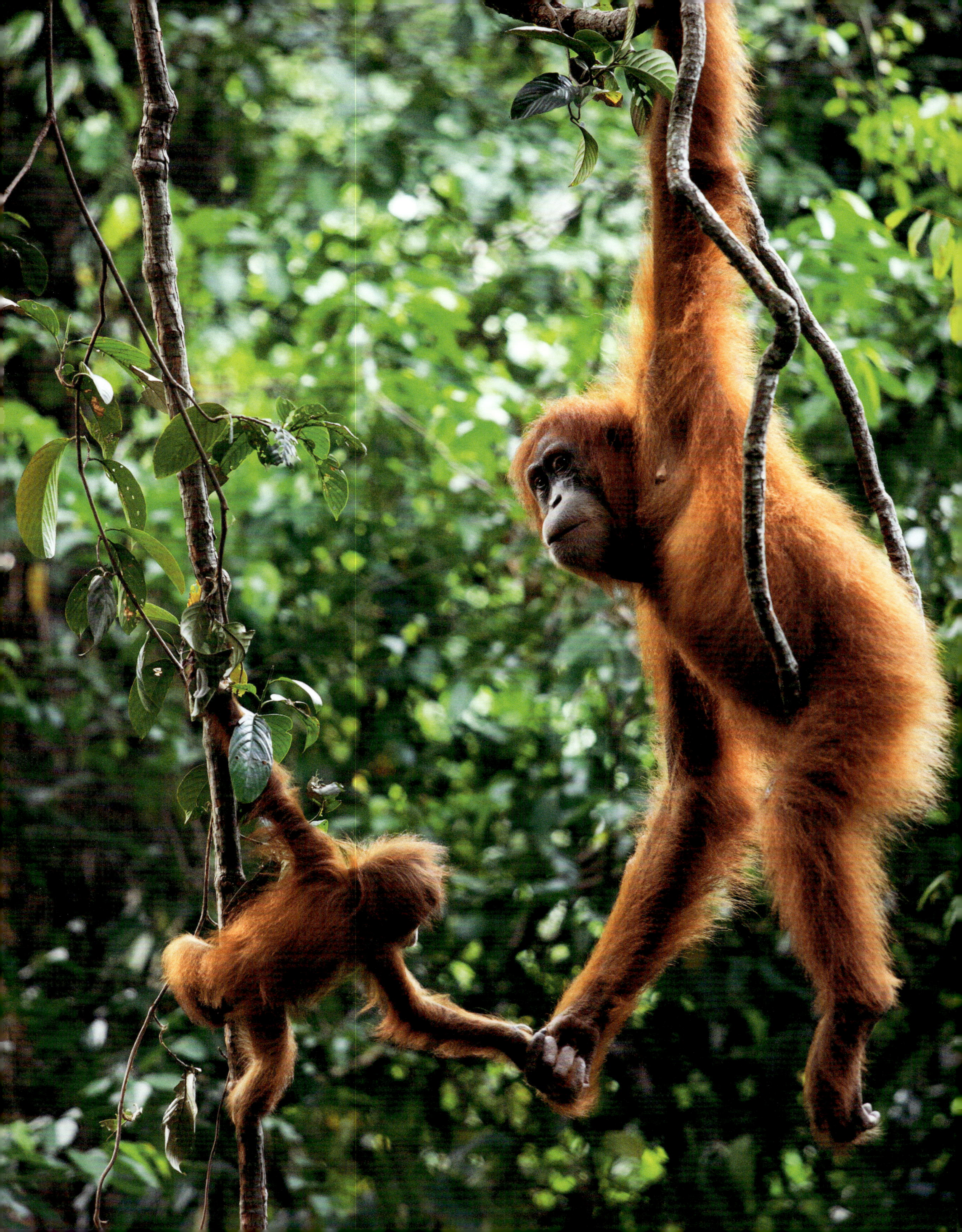

MOTHERS AND TEACHERS

MAMMAL
SÄUGETIER

Orangutans are among the very few animals that build an actual bed night after night, high up in their trees, using twigs and leaves.

Orang-Utans gehören zu den ganz wenigen Tieren, die sich Nacht für Nacht, hoch oben in ihren Schlafbäumen, mithilfe von Zweigen und Blättern ein richtiges Bett bauen.

Female orangutans are single mothers who are completely devoted to their young.

Orang-Utan-Weibchen sind alleinerziehende Mütter, die sich äußerst liebevoll um ihren Nachwuchs kümmern.

Sumatran orangutan
Pongo abelii

Few mothers in the animal kingdom have such a close and intimate relationship with their young as mother orangutans do. After all, the females of these long-armed primates with their distinctive orange coats stay with their children for a whopping six to eight years. During this time, they not only lovingly and virtually selflessly care for their offspring, they also patiently teach them everything they will need to know later to live their lives and to survive. And that is quite a lot. Good food must be distinguished from poisonous food, predators must be correctly identified, and, of course, they must also learn how to build a safe place to sleep high up in the trees. Orangutan mothers are single parents for the most part, since an orangutan father only stays with his immediate family for a short time. And even later, when the orangutan children are leading independent lives, the mother-child relationship will remain a close one. Young orangutans visit their mother regularly until they reach an age of about 15 years.

Sumatra-Orang-Utan
Pongo abelii

Kaum eine andere Mutter im Tierreich hat eine so enge und innige Beziehung zu ihrem Nachwuchs wie eine Orang-Utan-Mama. Schließlich bleiben die Weibchen der langarmigen Primaten mit dem auffällig orangefarbenen Fell stolze sechs bis acht Jahre bei ihrem Kind. In dieser Zeit kümmern sie sich nicht nur liebevoll und geradezu aufopfernd um ihren Nachwuchs, sondern bringen ihm auch geduldig all die Dinge bei, die er später einmal zum Leben beziehungsweise Überleben braucht. Und das ist eine ganze Menge: Da muss gute von giftiger Nahrung unterschieden werden, Fressfeinde müssen richtig eingeschätzt werden und natürlich will auch gelernt sein, wie man sich eine sichere Schlafstätte hoch oben im Baum baut. Orang-Utan-Mütter sind übrigens weitestgehend alleinerziehend, da ein Orang-Utan-Vater nur kurze Zeit bei seiner Kleinfamilie verweilt. Und auch später, wenn die Orang-Utan-Kinder ein selbstständiges Leben führen, bleibt die Mutter-Kind-Beziehung eng. Junge Orang-Utans »besuchen« ihre Mutter, bis sie ein Alter von etwa 15 Jahren erreicht haben, regelmäßig.

Strong arms, and long fingers and toes: Orangutans are perfectly adapted to a life high up in the treetops of the rainforest.

Kräftige Arme, lange Finger und Zehen: Orang-Utans sind perfekt an ein Leben hoch oben in den Baumkronen des tropischen Regenwalds angepasst.

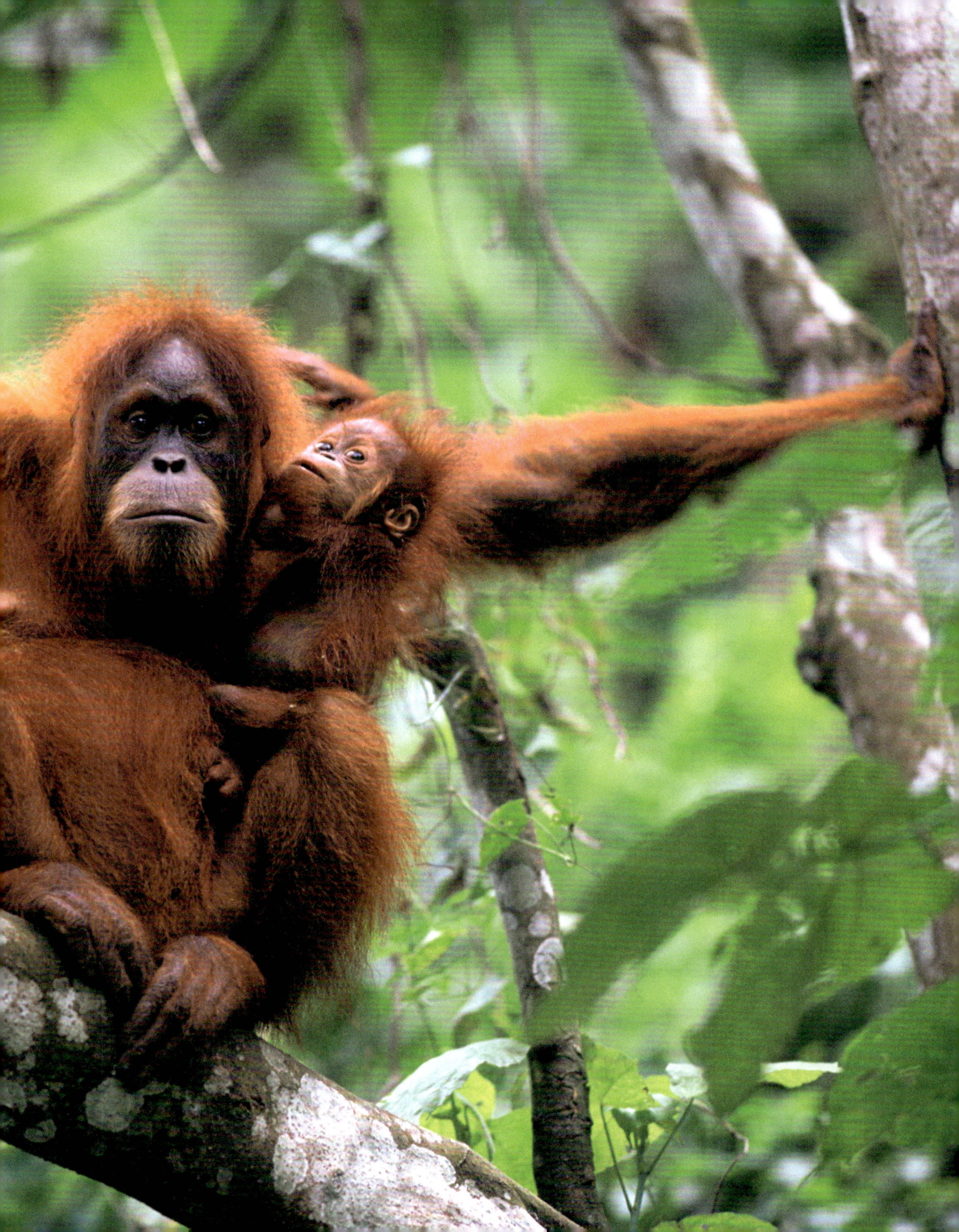

Orangutan mothers only give birth to a baby every eight years. The little primates don't start climbing on their own until they are about two years old.

Orang-Utan-Mütter bringen nur alle acht Jahre ein Baby zur Welt. Mit dem eigenständigen Klettern beginnen die kleinen Affen erst im Alter von etwa zwei Jahren.

Baby orangutans weigh just 4.5 pounds at birth. Being so small and helpless, they are dependent on their mother's care.

Orang-Utan-Babys wiegen bei ihrer Geburt gerade mal zwei Kilogramm. So klein und hilflos, sind sie auf die Fürsorge ihrer Mutter angewiesen.

An orangutan mother spends up to nine years preparing her young for life in the rainforest.

Eine Orang-Utan-Mutter bereitet ihr Junges bis zu neun Jahre lang auf das Leben im Regenwald vor.

MOTHERS AND TEACHERS

MAMMAL
SÄUGETIER

Cheetahs are the fastest land animals on earth, with a top speed of up to 75 miles per hour.

Mit einer Spitzengeschwindigkeit von bis zu 120 Stundenkilometern sind Geparden die schnellsten Landtiere der Erde.

A cheetah family is made up of the mother and her cubs from the last litter.

Eine Gepardenfamilie besteht aus der Mutter und den Jungen des letzten Wurfs.

Cheetah
Acinonyx jubatus

Research has shown that almost half of all female cheetahs in the Serengeti give birth to the offspring of several fathers with their litter. It is no wonder that the mother alone is responsible for the protection, care, and upbringing of the cubs when it comes to the world's fastest predatory cats. And this is by no means a simple job. During the first six months of their lives, cheetah cubs are extremely vulnerable to lions, leopards, and hyenas, for whom the little cats of prey make easy prey themselves. The cheetah cubs stay with their mother for 16 to 18 months. During this time, the mother must teach her cubs everything necessary for a cheetah to survive in the savannah. This includes not only watching, stalking, and killing prey, but also the art of correctly assessing dangerous situations and avoiding physically superior predators. After they finally leave their mother, male siblings often stay together, while females usually become loners.

Gepard
Acinonyx jubatus

Studien haben ergeben, dass nahezu die Hälfte aller weiblichen Geparden in der Serengeti mit ihrem Wurf den Nachwuchs gleich mehrerer Väter zur Welt bringt. Da ist es kein Wunder, dass bei den schnellsten Raubkatzen der Welt allein die Mutter für den Schutz, die Versorgung und Erziehung der Jungen verantwortlich ist. Und das ist eine keineswegs leicht zu lösende Aufgabe. Gepardenkinder sind in den ersten sechs Monaten ihres Lebens extrem durch Löwen, Leoparden und Hyänen bedroht, für die die kleinen Raubkatzen eine leichte Beute darstellen. Der Gepardennachwuchs bleibt 16 bis 18 Monate bei der Mutter. In dieser Zeit muss diese ihren Kleinen all das beibringen, was für einen Geparden in der Savanne überlebensnotwendig ist. Und das ist nicht nur Lauern, Anpirschen und Schlagen einer Beute, sondern auch die Kunst, Gefahrensituationen richtig einzuschätzen und körperlich überlegenen Fressfeinden auszuweichen. Nachdem sie ihre Mutter schließlich verlassen haben, bleiben die männlichen Geschwister oft zusammen, während die Weibchen in der Regel zu Einzelgängerinnen werden.

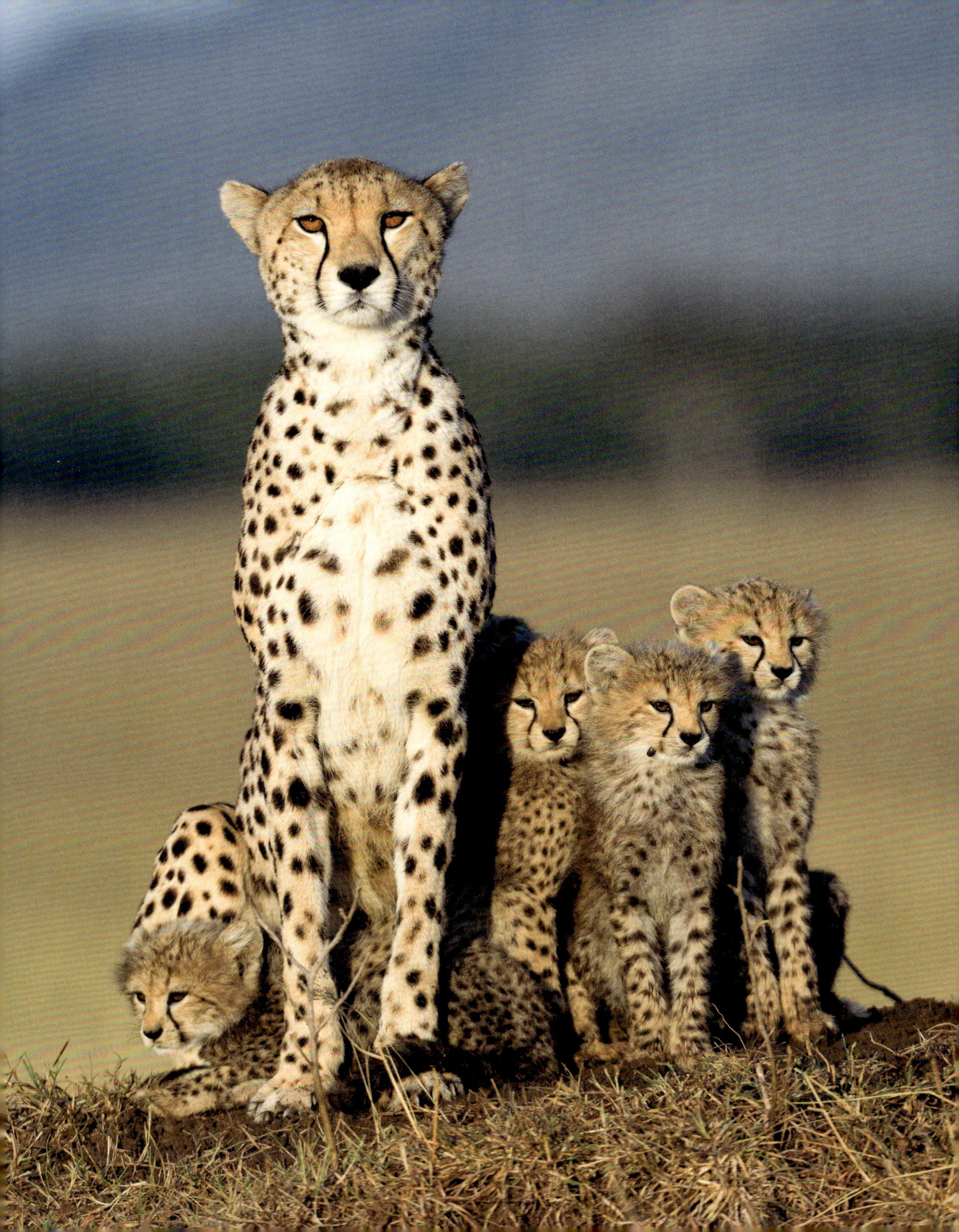

A cheetah mother switches hiding places with her cubs to avoid stronger and larger predators like hyenas and leopards.

Eine Gepardenmutter wechselt mit ihren Jungtieren das Versteck, um körperlich überlegenen Raubtieren wie Hyänen oder Leoparden auszuweichen.

First try at hunting: The attentive mother watches her cubs practicing their hunting techniques on a Thomson's gazelle fawn.

Erste Jagdversuche: Die aufmerksame Mutter beobachtet ihre Jungen bei der Jagd auf eine Thomson-Gazelle.

Cheetah mothers cannot be overly sensitive when playing with their cubs.

Gepardenmütter dürfen beim Spiel mit ihrem Nachwuchs nicht zimperlich sein.

Female cheetahs usually have three to six cubs per litter.

Gepardenweibchen bekommen in der Regel drei bis sechs Junge pro Wurf.

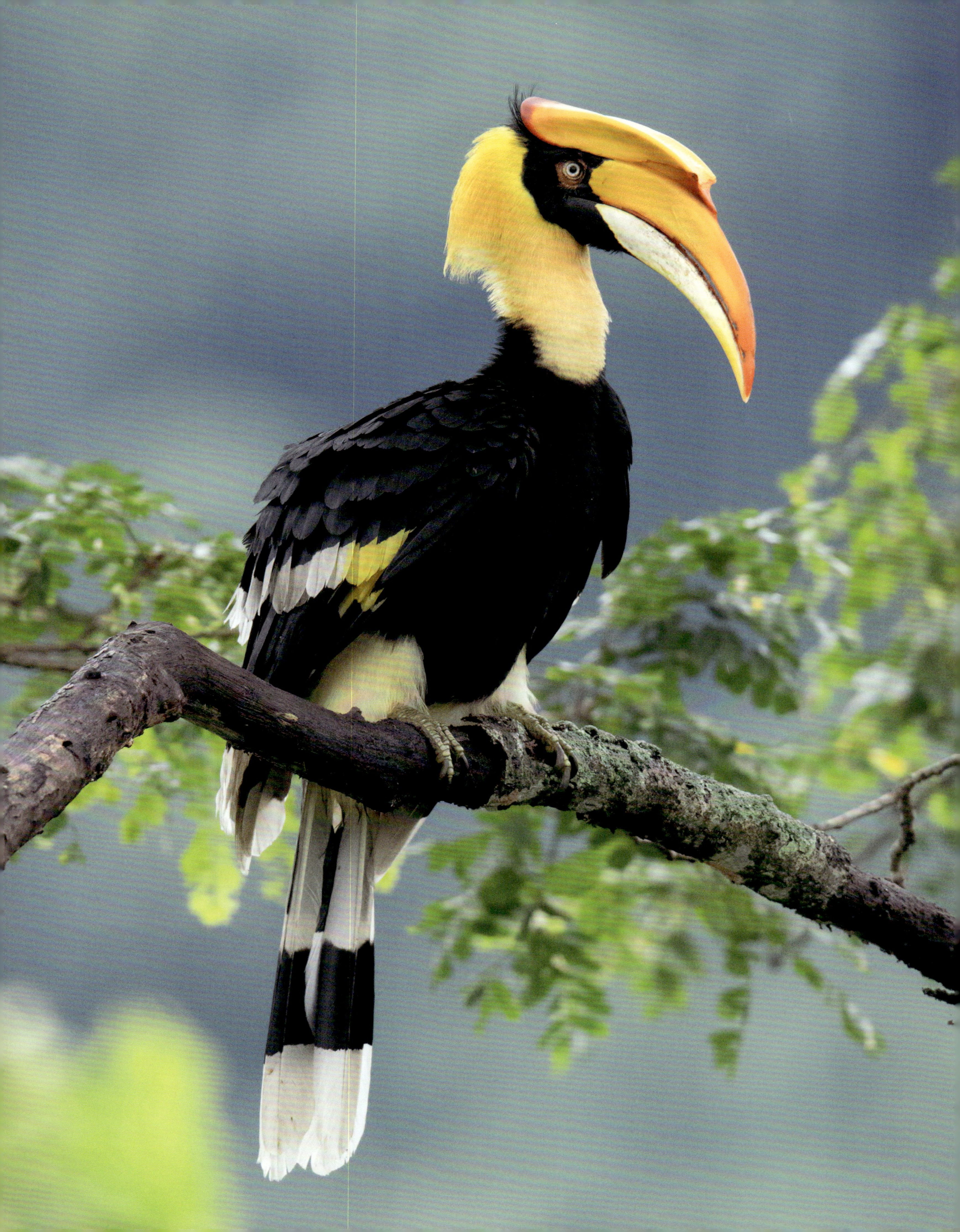

MOTHERS AND TEACHERS

BIRD
VOGEL

The great hornbill owes its name to an enormous appendage on its huge beak, which most likely functions as a resonator for its song.

Der Doppelhornvogel verdankt seinen Namen einem gewaltigen Aufsatz auf seinem riesigen Schnabel, der sehr wahrscheinlich als Resonanzkörper für den Gesang dient.

Great hornbills—a female is shown here—can grow up to 3.3 feet in length, making them among the largest woodland birds of all.

Doppelhornvögel – hier ein Weibchen – können bis zu einem Meter lang werden und gehören damit zu den größten Waldvögeln überhaupt.

Great hornbill
Buceros bicornis

The great hornbill, native to the rainforests of southeastern Asia, has a truly unusual strategy for protecting its young. The female voluntarily seals herself off in her nest in a tree cavity to protect herself from predators. First, mother and father search together for a suitable shelter in a tree. Once it is found, the female closes the opening of this cavity from the inside with her own fecal matter. She then uses her sharp beak to peck a small slit into the wall she has made, through which the male can provide her, and later her young, with food. She then lays two eggs, from which the small chicks hatch after four weeks. During this self-imprisonment, the female molts completely, losing all her feathers, which she uses to pad the nest. After a period of three to four months, the female then opens up the protective wall and leaves the cavity, which is then sealed up again by the young birds. The offspring remain in the protective nursery without their mother for another two weeks until they are finally ready to fledge.

Doppelhornvogel
Buceros bicornis

Eine wirklich außergewöhnliche Strategie zum Schutz des Nachwuchses hat der in den Regenwäldern Südostasiens heimische Doppelhornvogel. Das Weibchen mauert sich nämlich zum Schutz vor Fressfeinden freiwillig in seine Bruthöhle ein. Zunächst einmal suchen Mutter und Vater gemeinsam einen geeigneten Unterschlupf in einem Baum. Ist dieser gefunden, verschließt das Weibchen die Öffnung dieser Höhle von innen mit dem eigenen Kot. Anschließend hackt es mit seinem scharfen Schnabel einen kleinen Schlitz in das selbst geschaffene Mauerwerk, durch den die Mutter und später der Nachwuchs vom Männchen mit Futter versorgt werden kann. Daraufhin legt sie zwei Eier, aus denen nach vier Wochen die kleinen Küken schlüpfen. Während dieser »Selbstinhaftierung« verliert das Weibchen sämtliche Federn, die es zur Auspolsterung des Nestes nutzt. Nach einer Zeit von drei bis vier Monaten öffnet das Weibchen dann die schützende Wand und verlässt die Bruthöhle. Diese wird von den Jungvögeln wieder zugemauert. Der Nachwuchs verbleibt sodann auch ohne Mutter weitere zwei Wochen in der schützenden Kinderstube, bis er schließlich flügge geworden ist.

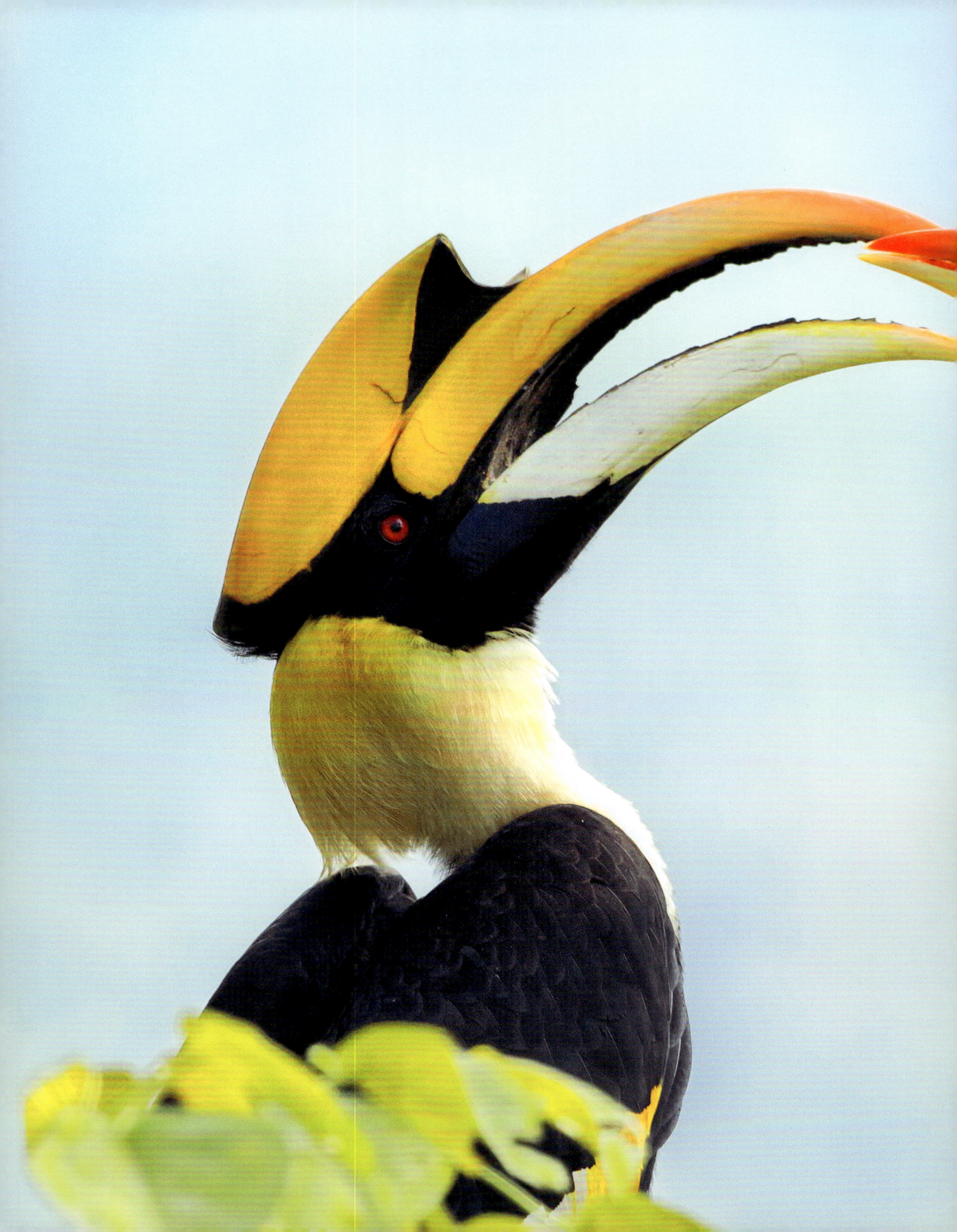

Strong bonds are formed during courtship: Great hornbills live strictly monogamous lives.

Bei der Balz werden starke Bande geknüpft: Doppelhornvögel leben strikt monogam.

In front of the nest cavity, which will soon be sealed.

Vor der Nisthöhle, die bald zugemauert wird.

Great hornbill female feeding her chick in the nest cavity, which now has just a narrow slit open to the outside. The male brought them the food.

Doppelhornvogel-Weibchen beim Füttern ihres Kükens in der Nisthöhle, die nur noch eine schmale Öffnung nach draußen hat. Die Nahrung hat das Männchen besorgt.

MOTHERS AND TEACHERS

MAMMAL
SÄUGETIER

Elephants really never forget. This is due to the particularly well-developed temporal lobes in their brains, where memories are stored.

Elefanten vergessen wirklich nie. Dafür sorgen im Gehirn besonders ausgeprägte Schläfenlappen, in denen die Erinnerungen gespeichert werden.

Elephant herds are not led by a bull. Instead, they are always led by an experienced cow.

Elefantenherden werden nicht von einem Bullen, sondern stets von einer erfahrenen Leitkuh angeführt.

African bush elephant
Loxodonta africana

The family life of the African elephant mainly takes place among the females. While bull elephants leave the family after puberty and become loners, cows stay with their herd for the rest of their lives. And this herd is usually led by an old cow elephant; in other words, a grandmother. And with good reason, because having a leader with a great deal of life experience is vital for the survival of the entire herd. Experienced lead cows know, for example, exactly where to find water in times of drought, and they can usually assess threats much better than their young competitors. Research also shows that elephant herds with older lead cows raise more offspring than those led by younger lead cows. Grandma is always the best, even among elephants.

Afrikanischer Elefant
Loxodonta africana

Das Familienleben spielt sich beim Afrikanischen Elefanten hauptsächlich unter den Weibchen ab. Während Elefantenbullen nach der Pubertät den Familienverbund verlassen und zu Einzelgängern mutieren, bleiben Elefantenkühe ihr Leben lang bei ihrer Herde. Und die wird in der Regel von einer alten Elefantenkuh, sprich, einer Großmutter angeführt. Und das mit gutem Grund: Schließlich ist es für die gesamte Herde überlebenswichtig, eine Leitkuh zu haben, die über eine große Lebenserfahrung verfügt. Versierte Leitkühe wissen zum Beispiel ganz genau, wo man in Dürrezeiten noch Wasser findet, und sie können Bedrohungen meist deutlich besser einschätzen als die jungen Konkurrentinnen. Untersuchungen zeigen auch, dass Elefantenherden mit älteren Leitkühen mehr Nachwuchs großziehen, als solche, denen jüngere Leitkühe vorstehen. Oma ist eben die Beste – auch bei Elefanten.

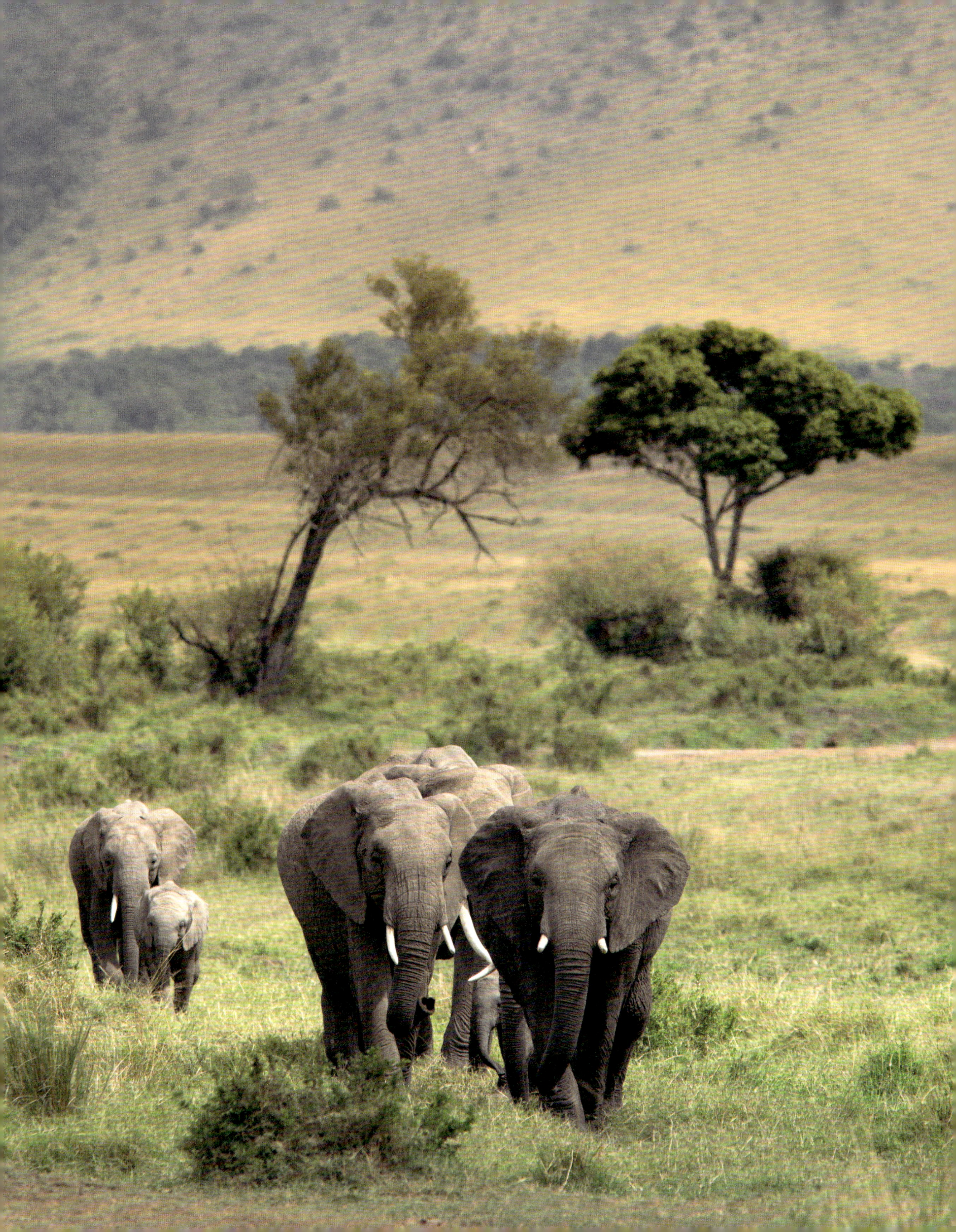

The large pachyderms have highly developed social behavior. Young animals are protected by all members of the herd.

Die großen Dickhäuter verfügen über ein ausgeprägtes Sozialverhalten. Jungtiere werden von allen Mitgliedern der Herde geschützt.

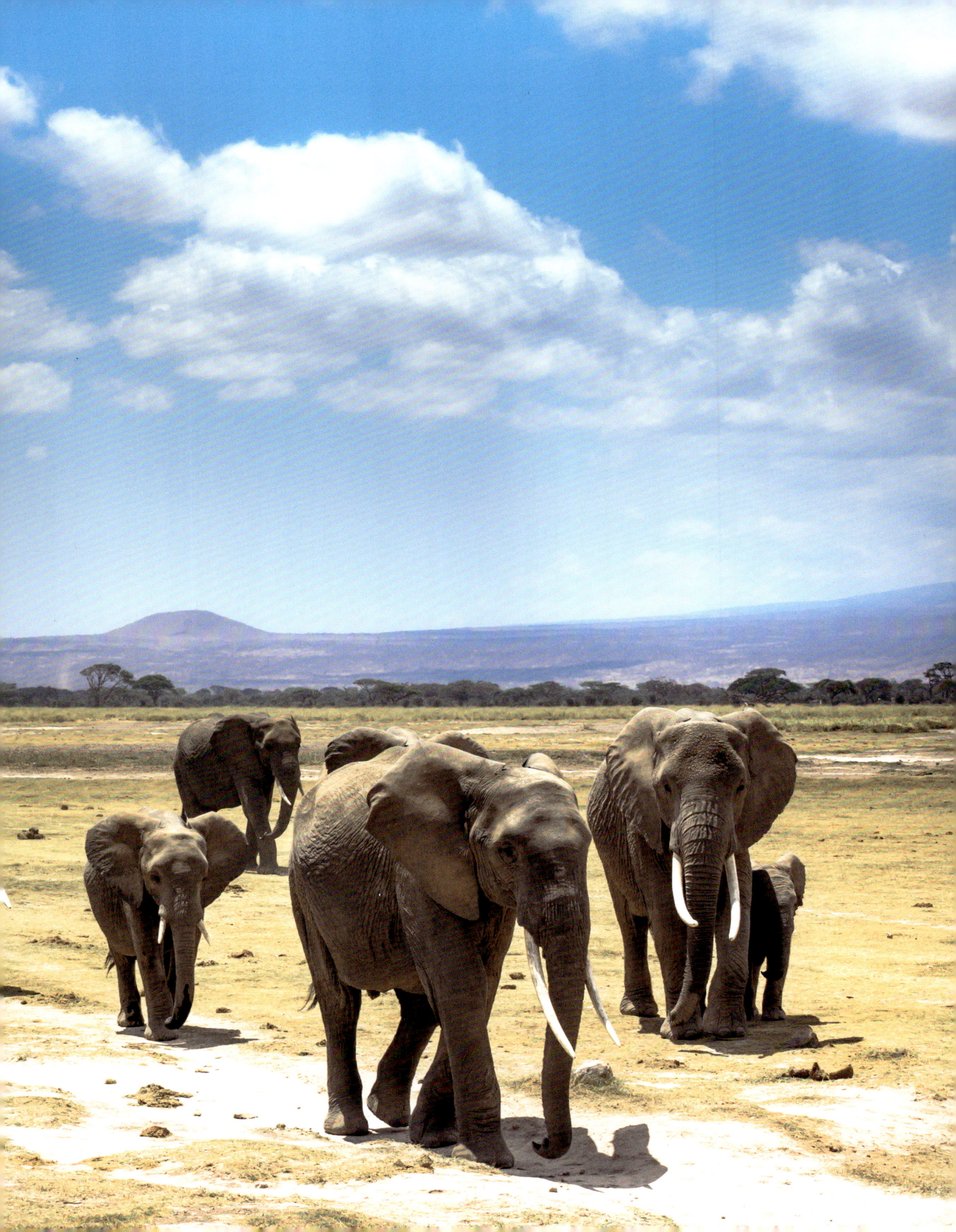

A mother elephant provides shade for her calf under the scorching African sun.

Eine Elefantenmutter spendet ihrem Kalb unter der sengenden afrikanischen Sonne Schatten.

You just have to know how: A cow taking a refreshing mud bath with her little one. The mud cover protects their sensitive skin from sunburn.

Gewusst wie: Eine Elefantenkuh mit Jungtier beim erfrischenden Schlammbad. Der Schlammüberzug schützt die empfindliche Haut vor Sonnenbrand.

Elephant herds often cover six miles or more per day in search of food and water.

Auf der Suche nach Nahrung und Wasser legen Elefantenherden oft zehn Kilometer und mehr pro Tag zurück.

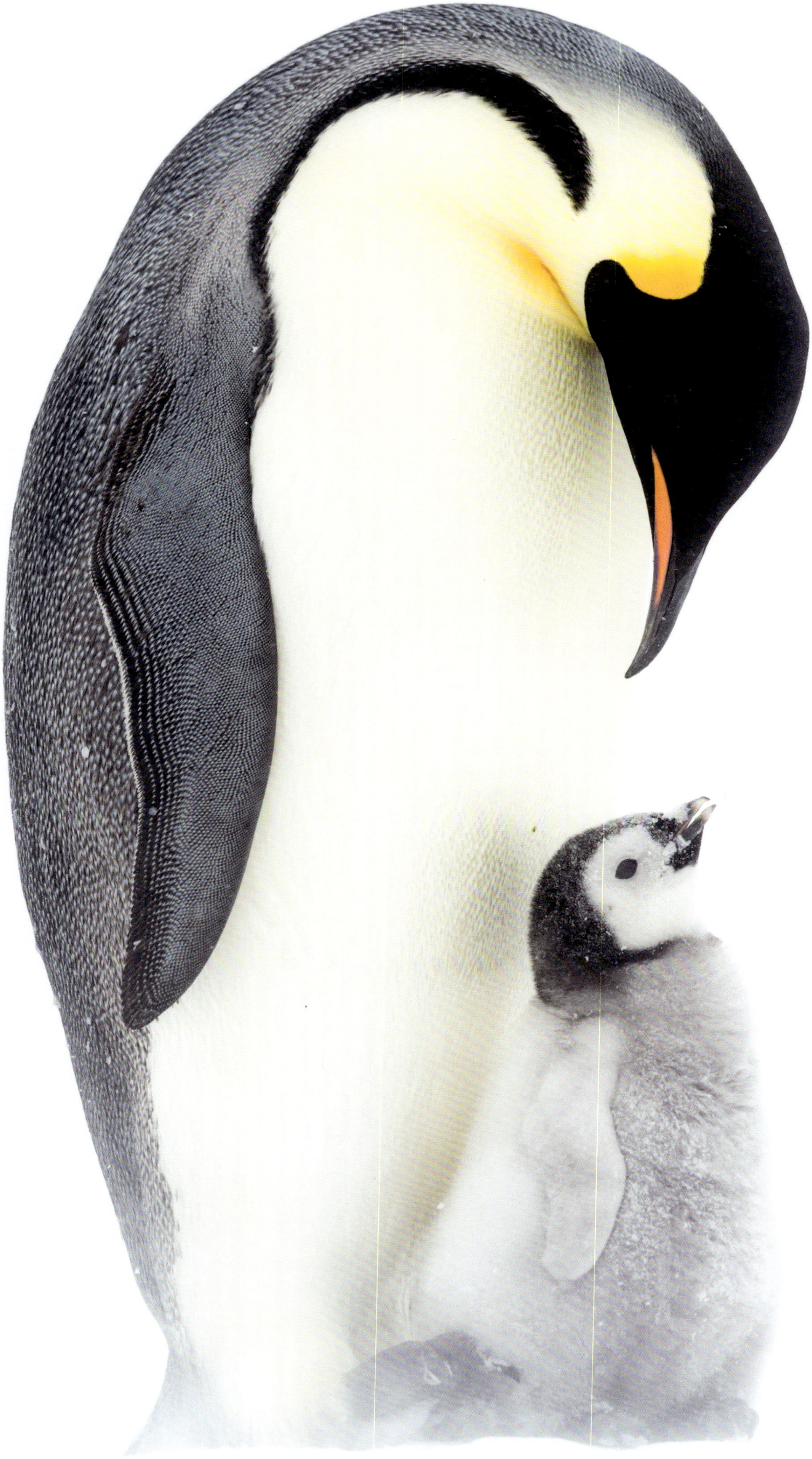

MOTHERS AND TEACHERS

BIRD
VOGEL

In the ocean, emperor penguins can reach top speeds of over 25 miles per hour, but on land, they waddle along at a mere 1.5 miles per hour.

Im Meer bringen es Kaiserpinguine auf Spitzengeschwindigkeiten von über 40 Stundenkilometer. An Land schaffen sie mühevoll watschelnd gerade einmal 2,5 Kilometer in der Stunde.

The emperor penguin lovingly cares for its young, still sporting its fluffy plumage.

Der Kaiserpinguin kümmert sich liebevoll um sein Jungtier, das noch sein flauschiges Federkleid trägt.

Emperor penguin
Aptenodytes forsteri

Emperor penguins are the only birds that breed in winter. And they do so under truly adverse conditions. Since there is no nesting material to be found in the perpetual ice, the parents obviously cannot build a nest. Instead, the world's largest penguins balance their single egg on their feet and incubate it under the thick feathers of their bellies. After the egg is laid, however, it is not the mothers alone who are called to duty, the fathers are involved as well. The females laboriously trek to the sea to replenish their now completely depleted food reserves with fish. During this time, the males assume the breeding responsibilities. When the female returns with a full belly, the penguin chick has already hatched and receives the first fish meal of its young life from its mother. Now it is the completely exhausted father's turn to waddle to the sea and regain his strength. The penguin parents commute back and forth between the sea and the breeding colony a total of 16 times, covering an impressive 1,240 miles. What an enormously challenging effort!

Kaiserpinguin
Aptenodytes forsteri

Kaiserpinguine sind die einzigen Vögel, die im Winter brüten. Und das unter wirklich widrigen Umständen: Da im ewigen Eis kein Nistmaterial zu finden ist, können die Eltern natürlich auch kein Nest bauen. Stattdessen balancieren die größten Pinguine der Welt ihr einziges Ei auf den Füßen und brüten es unter ihrem dicken Bauchgefieder aus. Nach der Eiablage sind dann aber nicht nur die Mütter, sondern auch die Väter gefordert. Die Weibchen wandern dann mühsam bis zum Meer, um ihre mittlerweile komplett aufgezehrten Nahrungsreserven wieder mit Fisch aufzufüllen. In dieser Zeit übernehmen die Männchen das Brutgeschäft. Wenn das Weibchen mit vollem Bauch zurückkehrt, ist das Pinguinjunge schon geschlüpft und bekommt von seiner Mutter die erste Fischmahlzeit seines noch jungen Lebens verabreicht. Jetzt ist der inzwischen völlig erschöpfte Vater an der Reihe, ans Meeresufer zu watscheln und sich wieder zu stärken. Insgesamt 16-mal pendeln die Pinguineltern zwischen Meer und Brutkolonie hin und her und legen dabei stolze 2000 Kilometer zurück. Eine gewaltige Strapaze!

A long journey: During the breeding season, long convoys of emperor penguins march up to 124 miles inland to their breeding grounds.

Weiter Weg: In der Fortpflanzungszeit marschieren Kaiserpinguine in langen Kolonnen bis zu 200 Kilometer landeinwärts zu ihren Brutgebieten.

Emperor penguins are outstanding swimmers, able to dive to depths of up to 2,000 feet and stay underwater for 20 minutes.

Kaiserpinguine sind herausragende Schwimmer, die bis zu 600 Meter tief tauchen und dabei 20 Minuten unter Wasser bleiben können.

Male and female emperor penguins usually join together in monogamous "seasonal marriages," often continuing them in subsequent years.

Kaiserpinguinmännchen und Kaiserpinguinweibchen schließen sich meist zu monogamen »Saisonehen« zusammen und führen diese auch oft noch in den Folgejahren fort.

A delicate operation: The female emperor penguin passes the egg
to the male, who then incubates it on his feet.

*Eine heikle Angelegenheit: Das Kaiserpinguinweibchen übergibt das
Ei dem Männchen, das es dann auf seinen Füßen ausbrütet.*

MOTHERS AND TEACHERS

MAMMAL
SÄUGETIER

Despite their less than sleek girth, polar bears are excellent swimmers, able to cover several hundred miles in the water at a time.

Eisbären sind – trotz ihres nicht gerade schnittigen Leibesumfangs – ausgezeichnete Schwimmer, die im Wasser mehrere hundert Kilometer am Stück zurücklegen können.

Polar bears, the world's largest land-dwelling predators, have become a symbol of climate change.

Eisbären, die größten an Land lebenden Raubtiere der Welt, sind heute zu einem Symbol für den Klimawandel geworden.

Polar bear
Ursus maritimus

Polar bear mothers do not have it easy. With their cubs being born in the middle of the deepest polar winter, there is the risk that the newborn polar bear cubs will freeze to death. This is why, in late fall, the polar bear mother-to-be digs a maternity den in the deep snow to protect her cubs, a pit with thick walls of snow where the temperature rarely drops below 30 degrees Fahrenheit. The little polar bears, just the size of a guinea pig at birth, quickly gain weight thanks to their mother's milk, which is rich in fat. After just two months, a polar bear cub weighs in at an impressive 22 to 33 pounds. After about four months, the mother and her cubs leave their protective den in the Arctic spring. But even then, the polar bear mother continues to devotedly care for her offspring. She not only protects and warms her cubs with her soft fur during dreaded Arctic storms, she also rigorously defends them against any danger.

Eisbär
Ursus maritimus

Eisbärenmütter haben keine einfache Aufgabe. Schließlich kommt ihr Nachwuchs mitten im tiefsten Polarwinter zur Welt. Da besteht natürlich die Gefahr, dass die neugeborenen Eisbärenbabys jämmerlich erfrieren. Deshalb buddelt die werdende Eisbärenmutter im Spätherbst zum Schutz ihrer Jungen im Tiefschnee eine sogenannte Geburtshöhle – eine Grube mit dicken Schneewänden, in der die Temperatur nur selten unter minus ein Grad sinkt. Die kleinen Eisbären, die bei der Geburt gerade mal so groß wie ein Meerschweinchen sind, nehmen dank der fettreichen Muttermilch schnell an Gewicht zu. Schon nach zwei Monaten bringt ein Eisbärenbaby stolze zehn bis 15 Kilogramm auf die Waage. Nach rund vier Monaten verlassen die Mutter und ihre Kleinen im arktischen Frühling die schützende Höhle. Aber auch dann kümmert sich die Eisbärenmama noch äußerst liebevoll um ihren Nachwuchs. So schützt und wärmt sie ihre Jungen bei den gefürchteten arktischen Stürmen nicht nur mit ihrem weichen Fell, sondern verteidigt sie auch rigoros gegen jegliche Gefahr.

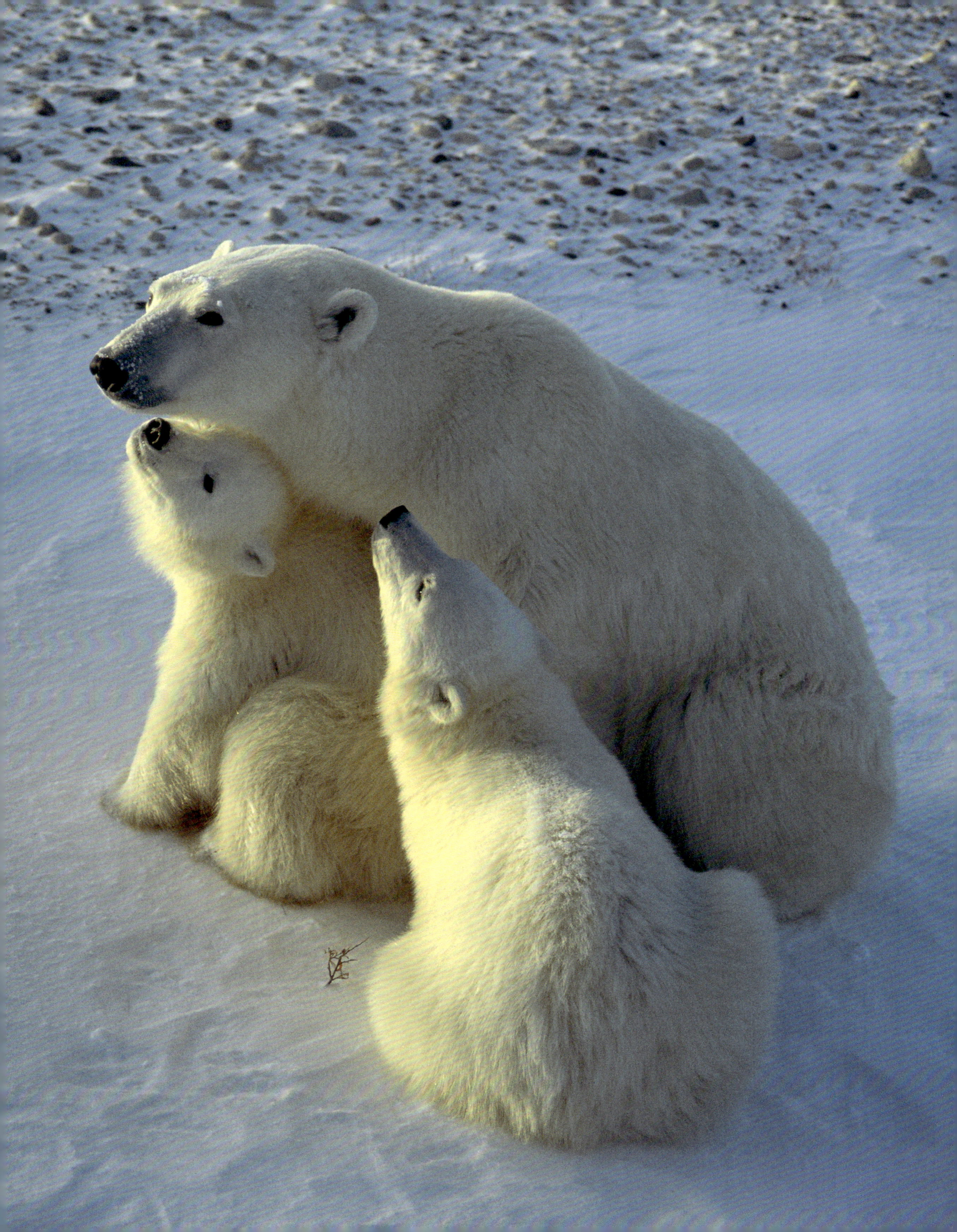

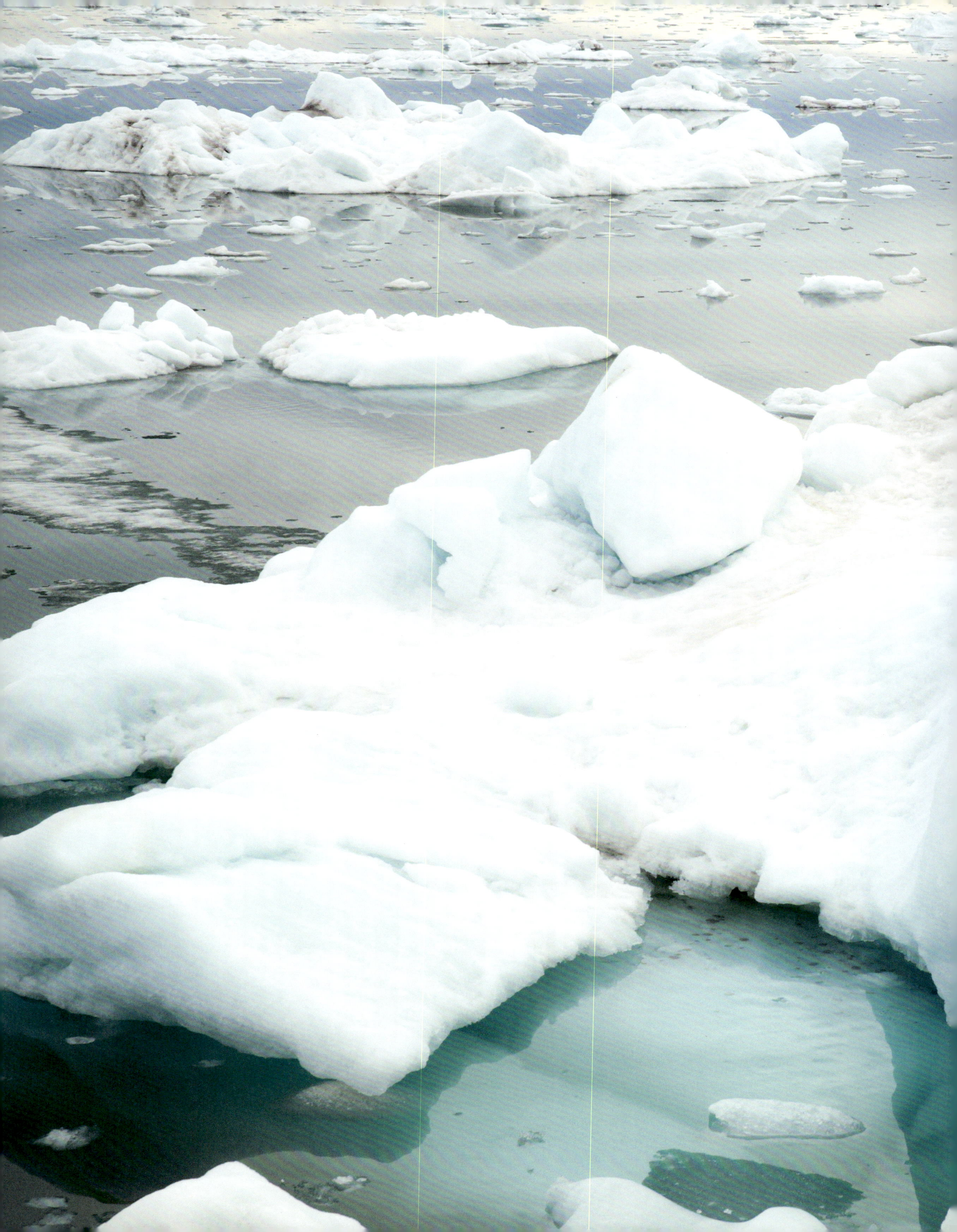

Polar bears spend the winter and spring on the Arctic pack ice. During this time, they hunt seals and build up fat reserves for the summer, when food is scarce.

Eisbären verbringen den Winter und das Frühjahr auf dem Packeis der Arktis. In dieser Zeit jagen sie Robben und fressen sich Fettreserven für den nahrungsarmen Sommer an.

The female polar bear leaves the protective maternity den, together with her now three-month-old cub.

Das Eisbärenweibchen verlässt die schützende Geburtshöhle – zusammen mit seinem nun drei Monate alten Jungtier.

Sometimes you just have to have fun. Learning through play, the polar bear way.

Einfach mal Spaß haben. Auch das gehört zur spielerischen Erziehung junger Eisbären.

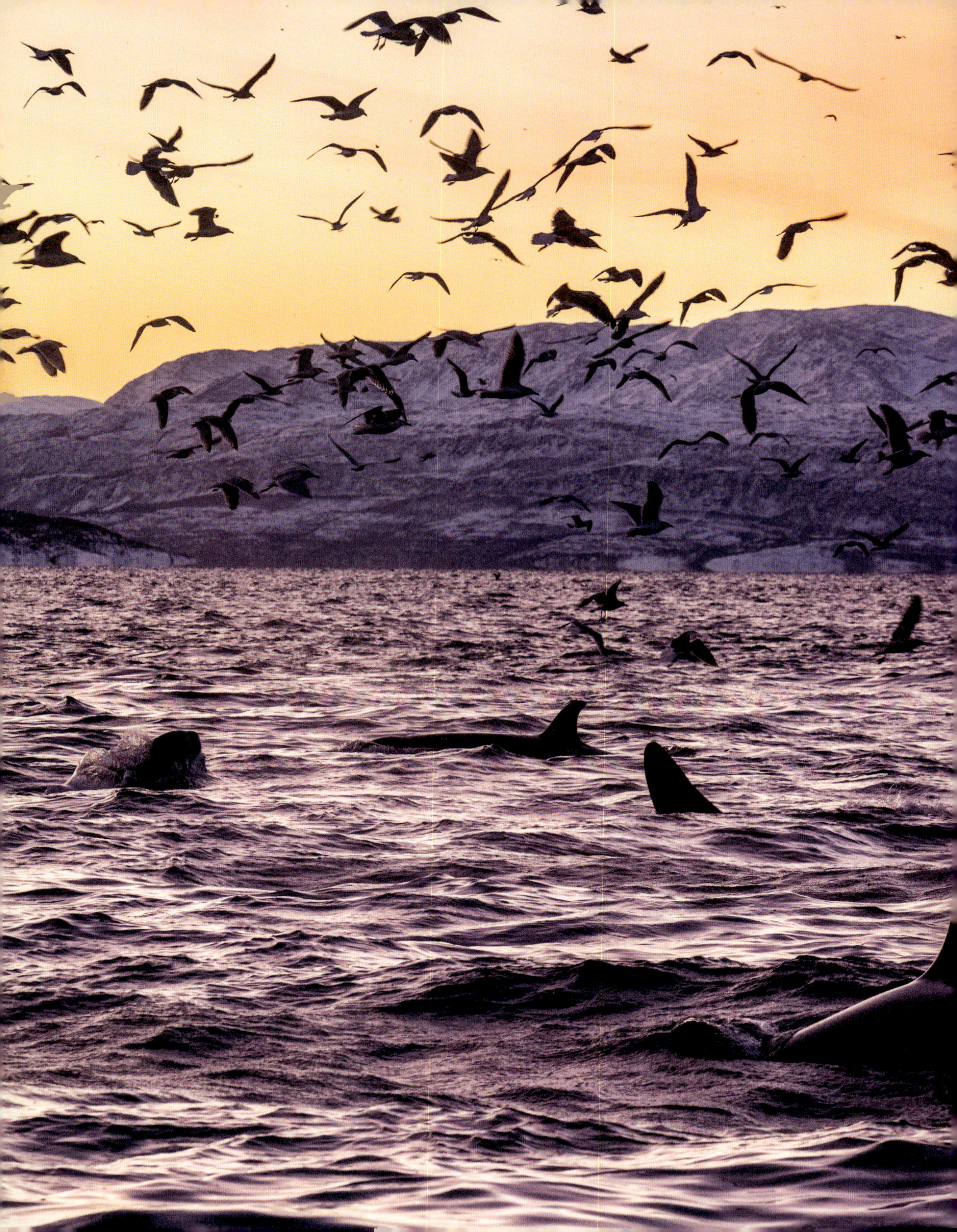

Leaders OF THE PACK

LEADERS OF THE PACK

ON *hippie communities* AND MONARCHIES IN THE ANIMAL KINGDOM

Males frequently call the shots in the animal kingdom. A community of chimpanzees, for instance, is always led by a male called the alpha male, who often rules over his subjects with fierce brutality. Females and weaker males have no say in the chimpanzee hierarchy, which is a very common constellation among mammals. Just think about the proverbial top dog or leader of the pack. But every rule has its exceptions. Women occupy leadership positions in far more than just a handful of animal species. This means that a more or less strict matriarchy has prevailed, and this is especially true for those animals that are regarded as particularly intelligent. For example, both herds of elephants and pods of killer whales are led by an experienced female. A particularly rigid matriarchy can be found in a species that is generally not quite as popular, the spotted hyena. Here the males, smaller and more slender than the females, must be satisfied with a place at the bottom of the hierarchy. A more relaxed matriarchy is typical of the communal life of Central Africa's bonobos, or dwarf chimpanzees, which are known for their sexual diversity. Here, the females are in charge, but disputes and conflicts are usually resolved by having abundant sex with one another. Among long-armed primates, copulation not only decreases aggression, it also reinforces a sense of community. Apparently, the saying "make love, not war" applies to bonobos, which is why bonobos are sometimes referred to as hippie chimps in scientific circles.

But the animal kingdom doesn't just have female leaders, it also has monarchies headed by females. In many colony-building insect species like bees, wasps, and ants, a queen is the head of a rigidly organized community. She is a queen without a scepter, to be true, but she is enormously important. An ant queen is easy to recognize in an ant colony, because she is up to 20 times larger than a simple worker. Yet size is not the only factor that differentiates them. At first glance, ant queens appear to be as well-off as their human counterparts. They are constantly protected, fed, and generally pampered by their subjects, the workers. Being an ant queen, however, is hardly a bed of roses. A queen's daily routine is anything but relaxing. From birth, her job is to ensure the continued existence of her colony by laying eggs in assembly-line fashion. And the number of eggs is ultimately quite high. There are ant species where the queens lay several thousand eggs a day. In the course of a queen's lifetime, which can be up to 25 years, that adds up to several million eggs.

VON *Hippie-Strukturen* UND MONARCHIEN IM TIERREICH

Männchen geben im Tierreich in vielen Fällen den Ton an. So wird beispielsweise eine Schimpansengruppe immer von einem sogenannten »Alphamännchen« angeführt, das nicht selten mit energischer Brutalität über seine Untertanen herrscht. Weibchen und schwächere Männchen haben in der Schimpansenhierarchie nichts, aber auch gar nichts zu melden – eine Konstellation, die unter Säugetieren weit verbreitet ist, man denke auch an den sprichwörtlichen »Platzhirsch« oder den »Leitwolf«. Aber keine Regeln ohne Ausnahmen. Bei deutlich mehr als nur einer Handvoll Tierarten gibt es auch Frauen in Führungspositionen. Sprich: Es hat sich ein mehr oder weniger strenges Matriarchat durchgesetzt. Und das vor allem bei Tieren, die als besonders intelligent gelten. So werden sowohl Elefantenherden als auch Schwertwalgruppen von einem erfahrenen Weibchen angeführt. Ein besonders straffes Matriarchat findet man bei einer Tierart vor, die sich gemeinhin keiner größeren Beliebtheit erfreut: bei den Tüpfelhyänen. Hier müssen sich die Männchen, die kleiner und schmächtiger sind als die Weibchen, mit einem Platz ganz unten auf der Hierarchieleiter begnügen. Ein entspannteres Matriarchat kennzeichnet das Zusammenleben der Bonobos, der sogenannten Zwergschimpansen aus Zentralafrika, die für ihre sexuelle Vielfältigkeit bekannt sind. Bei ihnen haben zwar die Weibchen das Sagen, aber Streitigkeiten und Konflikte werden in der Regel dadurch gelöst, dass man ausgiebig Sex miteinander hat. Bei den langarmigen Primaten baut eine Kopulation nicht nur Aggressionen ab, sondern stärkt auch das Gemeinschaftsgefühl. Bei Bonobos gilt offensichtlich das Motto »Make love, not war«. Und das ist auch der Grund, warum Bonobos in Wissenschaftskreisen bisweilen als »Hippieschimpansen« bezeichnet werden.

Es gibt jedoch nicht nur weibliche Führungspersönlichkeiten, sondern auch weiblich geführte Monarchien im Tierreich. Bei vielen Staaten bildenden Insekten wie beispielsweise Bienen, Wespen oder Ameisen steht eine Königin, sprich eine weibliche Vertreterin an der Spitze eines streng organisierten Gemeinwesens – eine Königin zwar ohne Zepter, aber von gewaltiger Bedeutung. Eine Ameisenkönigin etwa ist im Ameisenstaat leicht zu erkennen. Schließlich ist sie bis zu 20-mal größer als eine einfache Arbeiterin. Aber Größe ist nicht das einzige Unterscheidungsmerkmal. Auf den ersten Blick geht es Ameisenköniginnen genauso gut wie ihren menschlichen Pendants. Sie werden von ihren Untertanen, den Arbeiterinnen, ständig beschützt, gefüttert und anderweitig gepampert. Doch eine Ameisenkönigin zu sein ist wahrhaft kein Zuckerschlecken. Ihr Alltag ist alles andere als entspannt. Von Geburt an ist es ihr Job, Eier am Fließband zu legen, um den Fortbestand ihres Staates zu sichern. Und das sind schließlich eine ganze Menge. Es gibt Ameisenarten, bei denen die Königinnen mehrere Tausend Eier pro Tag legen. Im Laufe eines Lebens – eine Ameisenkönigin kann bis zu 25 Jahre alt werden – kommen da am Ende einige Millionen Eier zusammen.

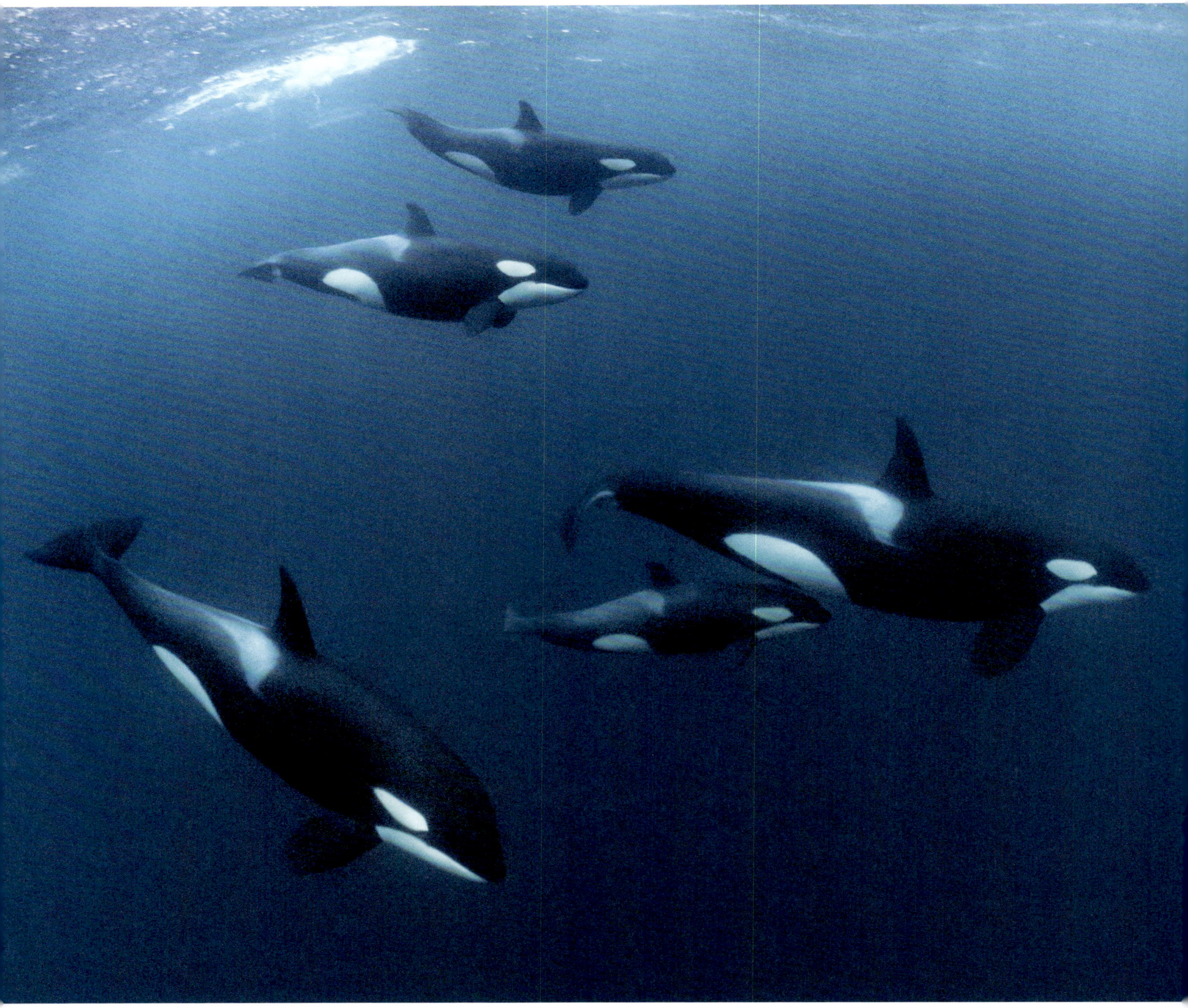

LEADERS OF THE PACK

MAMMAL
SÄUGETIER

Pods of orca families communicate with each other in their own special dialect.

Die verschiedenen Familiengruppen der Orcas kommunizieren untereinander jeweils in einem ganz eigenen Dialekt.

A killer whale group with calf hunting for herring together.

Schwertwalgruppe mit Kalb bei der gemeinsamen Jagd auf Heringe.

Killer whale
Orcinus orca

Killer whales, or orcas, are the animal kingdom's most successful hunters. An orca family, called a pod, can have as many as 50 members and is always led by an older female, the alpha female. This pod is an extremely close social unit, where the individual animals not only hunt together, they also support each other in various other ways. While some adult females may leave the group from time to time to form their own pods, orca males are true mama's boys, spending their entire lives under the protective care of their mothers. There is a good reason for this, in fact. A study by researchers at the University of Exeter showed that the survival rate of adult male orcas increases by almost 14 times when they stay with their mothers.

Schwertwal
Orcinus orca

Bei Schwertwalen, auch Orcas genannt, handelt es sich um die erfolgreichsten Jäger im Tierreich. Eine Orca-Familie, eine sogenannte Schule, kann aus bis zu 50 Tieren bestehen und wird stets von einem älteren Weibchen, dem »Alpha-Weibchen«, angeführt. Diese Schule ist ein ausgesprochen enger sozialer Verbund, in dem die einzelnen Tiere nicht nur gemeinsam jagen, sondern sich auch anderweitig in vielfältiger Weise unterstützen. Während einige erwachsene Weibchen im Laufe der Zeit ab und an die Gruppe verlassen, um eine eigene Schule zu gründen, sind Orcamänner echte Muttersöhnchen, die ihr ganzes Leben lang im »Hotel Mama« unter den schützenden Fittichen ihrer Mutter verbringen. Und das hat einen guten Grund: Eine Studie von Forschern der Universität Exeter konnte nachweisen, dass die Überlebenschance erwachsener männlicher Orcas um knapp das 14-fache steigt, solange sie wohlbehütet bei ihrer Mutter bleiben.

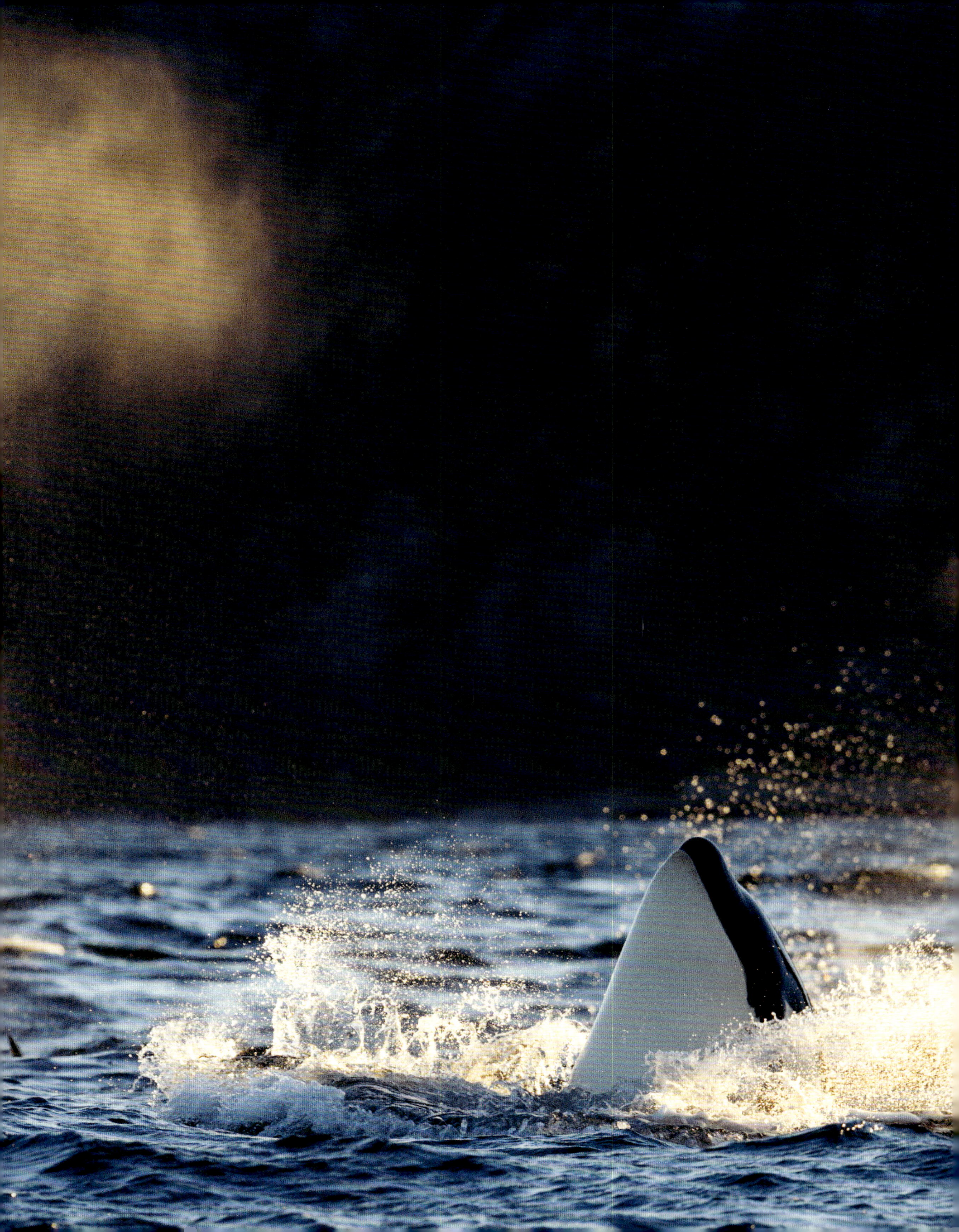

What's going on up here? Killer whales and other marine mammals explore the world above the water by surfacing vertically to take a look around.

Was ist da oben los? Schwertwale und andere Meeressäuger erkunden die Welt über Wasser, indem sie sich in die Vertikale bringen und umschauen.

Orca groups, called pods, are always led by an older female. The animals work closely together when hunting.

Orcagruppen, sogenannte Schulen, werden stets von einem älteren Weibchen angeführt. Die Tiere arbeiten bei der Jagd eng zusammen.

LEADERS OF THE PACK

MAMMAL
SÄUGETIER

Hyenas have a huge appetite, with an adult animal able to devour as much as 30 pounds of meat at a time.

Hyänen verfügen über einen gewaltigen Appetit: Ein ausgewachsenes Tier kann bis zu 14 Kilogramm Fleisch auf einmal vertilgen.

Spotted hyena with cub, looking skeptically at the camera.

Tüpfelhyäne mit Jungtier, skeptisch gegenüber der Kamera.

Spotted hyena
Crocuta crocuta

Spotted hyenas, which live together in groups, or clans, of up to 100 members, have a very strict matriarchy. These predators are native to central and southern Africa, and it is the females alone who call the shots, which can most likely be explained by the fact that they are substantially larger and stronger than the males. In the strict hyena hierarchy, even the highest-ranking male is subordinate to the lowest-ranking female. And naturally it is a female, the alpha female, who is in charge of the clan. The status of the males in the hyena hierarchy becomes most obvious when a low-ranking male meets a high-ranking female. When this happens, the male makes a special gesture indicating submissiveness. While standing, he puts one front leg over the other, which bends slightly inwards. Seen from a human point of view, you might almost think that the male is curtsying.

Tüpfelhyäne
Crocuta crocuta

Die Tüpfelhyänen, die in sogenannten Clans von bis zu 100 Mitgliedern zusammenleben, praktizieren ein eisernes Matriarchat. Diese Raubtiere sind im zentralen und südlichen Afrika beheimatet, und bei ihnen haben ausschließlich die Weibchen das Sagen, was sich wohl auch damit erklären lässt, dass diese deutlich größer und stärker sind als die männlichen Artgenossen. So steht in der strengen Hyänenhierarchie selbst das ranghöchste Männchen noch unter dem rangniedrigsten Weibchen. Und natürlich ist es auch ein Weibchen, das sogenannte Alpha-Weibchen, das den Clan anführt. Der Status der Männchen in der Hyänenhierarchie wird vor allem dann offenkundig, wenn ein rangniedriges Männchen auf ein ranghohes Weibchen trifft. In so einem Moment zeigt das Männchen eine Unterwürfigkeitsgeste der besonderen Art: Es legt im Stehen ein Vorderbein über das andere, das dabei leicht einknickt. Von einer menschlichen Warte aus betrachtet, könnte man fast meinen, das Männchen mache einen Hofknicks.

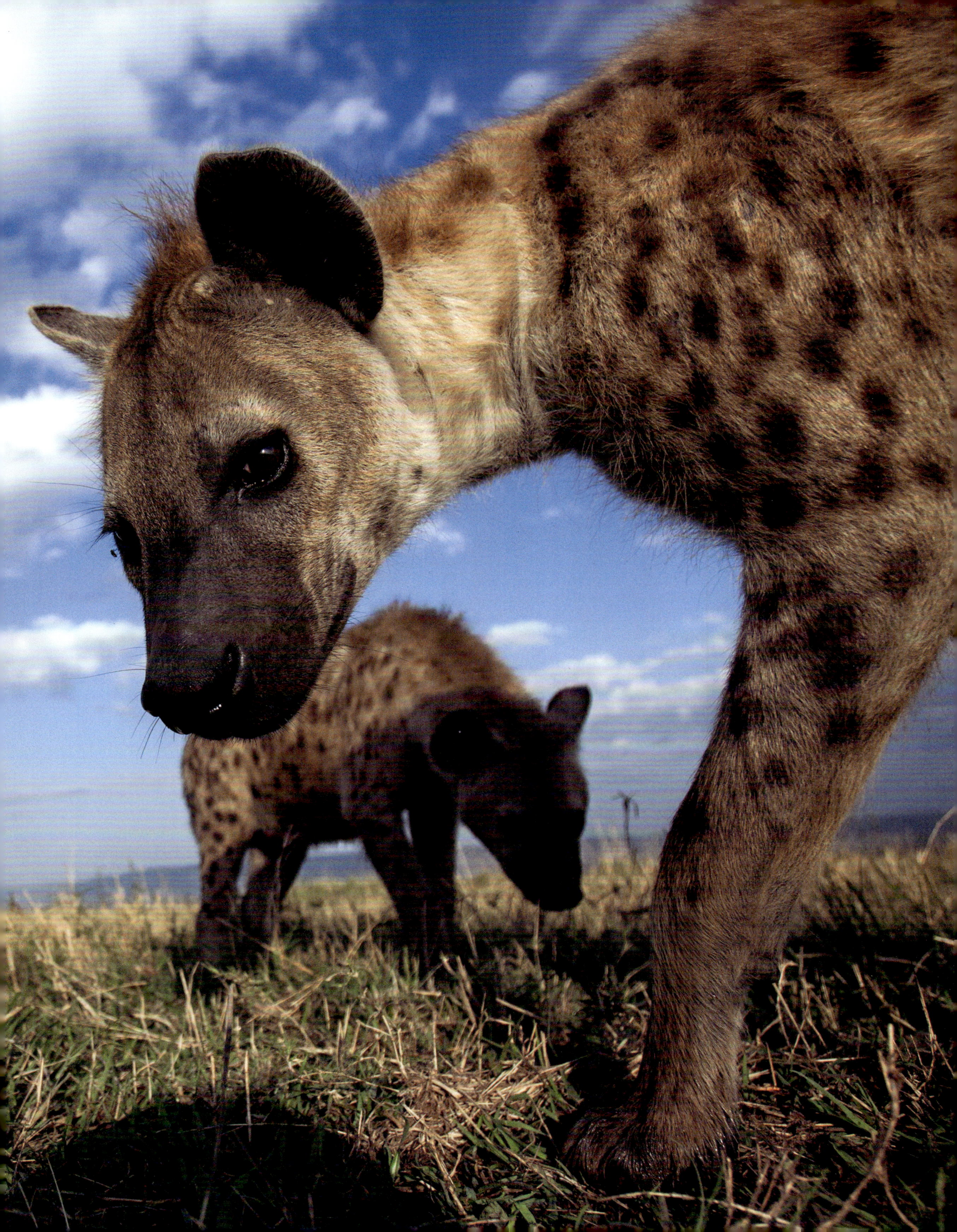

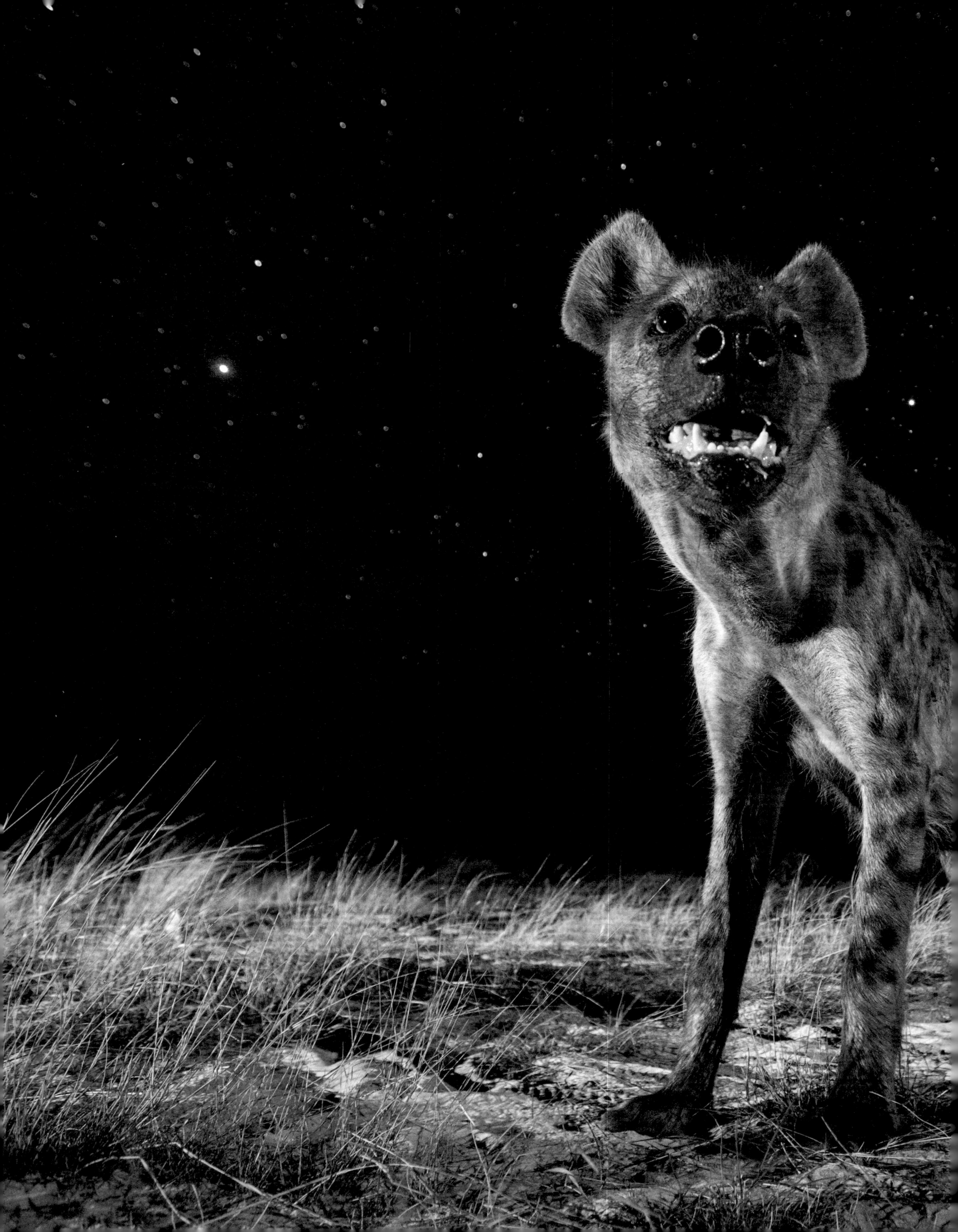

Hyenas have ferocious-looking teeth with a powerful bite.

Hyänen verfügen über ein furchteinflößendes Gebiss mit großer Beißkraft.

Hyena mothers nurse their cubs for almost a year and a half.

Junge Hyänen werden von ihrer Mutter fast anderthalb Jahre lang gesäugt.

A fight between the leader of a hyena clan and a pack of African wild dogs.

Kampf zwischen der Anführerin eines Hyänenclans und einem Rudel Afrikanischer Wildhunde.

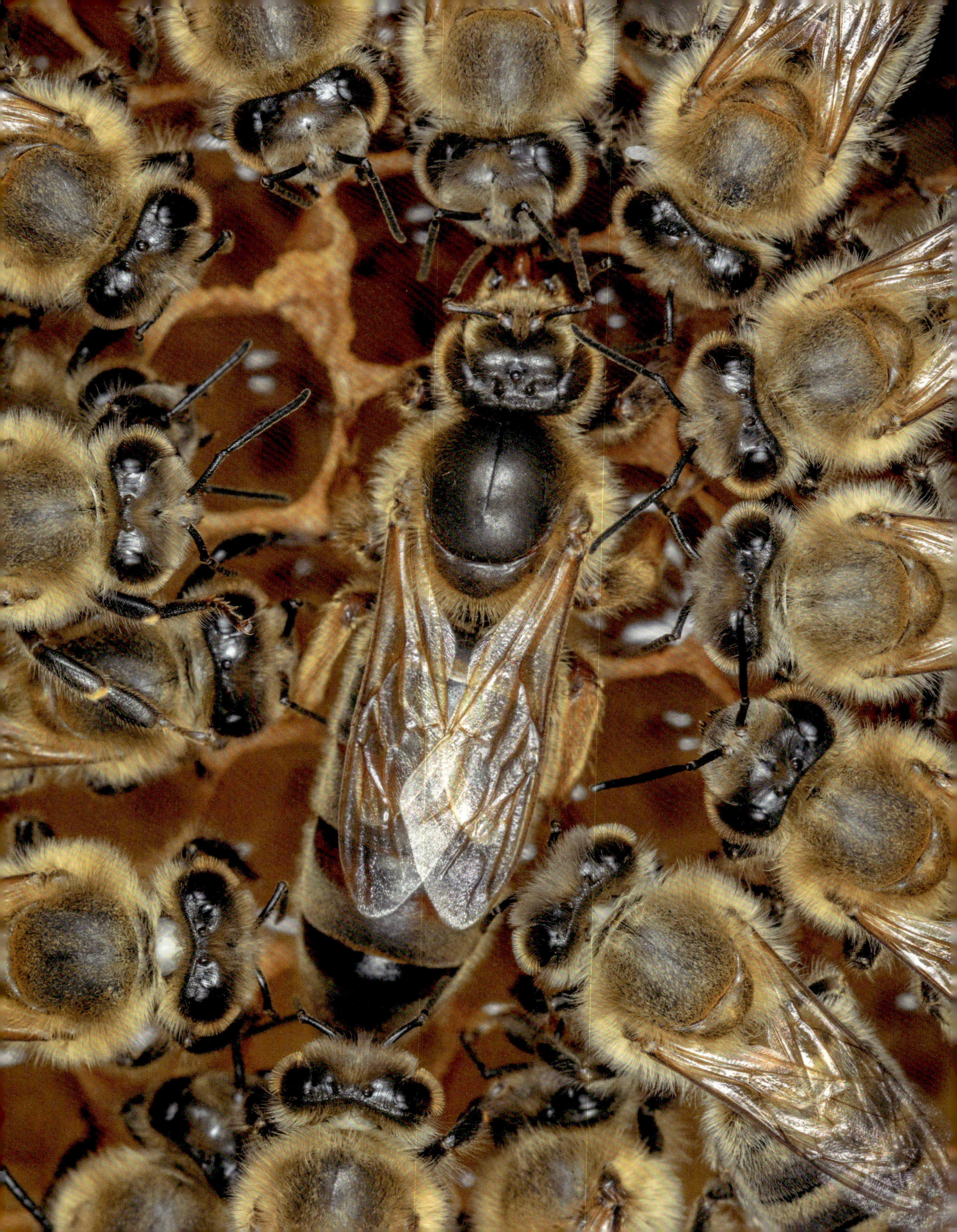

LEADERS OF THE PACK

INSECT
INSEKT

The life expectancy of a queen bee is roughly 50 times that of a worker.

Die Lebenserwartung einer Bienenkönigin ist rund 50-mal so hoch wie die einer Arbeitsbiene.

A queen bee laying eggs, surrounded by her court.

Eine Bienenkönigin bei der Eiablage, umringt von ihrem Hofstaat.

Honey bee
Apis mellifera

A queen bee gets special treatment even in early infancy, when she is still a larva. In contrast to her ordinary peers, she grows up in a special cell called a queen cell, and is not nourished with nectar, either. She is fed a strict diet of the legendary royal jelly, a high-quality edible substance that is produced in the head glands of the workers. A queen bee's most important job is to provide offspring, ensuring the continued existence of the colony. She does so with great efficiency. A queen bee lays about one egg per minute, which translates into about 1,440 eggs per day. But a queen bee is much more than just a breeding machine. She also oversees the social order within the bee colony. By releasing a pheromone called the queen mandibular pheromone, she not only ensures the fertility of her subjects, the workers, is inhibited, she also keeps the bee colony together. When the queen no longer produces the queen mandibular pheromone, the workers realize it is high time to breed a new queen.

Honigbiene
Apis mellifera

Eine Bienenkönigin erfährt schon im frühesten Kindesalter, sprich im Larvenstadium, eine Sonderbehandlung. Im Gegensatz zu ihren gewöhnlichen Artgenossen wächst sie in speziellen sogenannten Weiselzellen heran und wird auch nicht mit Nektar gefüttert, sondern mit dem berühmten »Gelée Royale«, einer hochwertigen Futtersubstanz, die in den Kopfdrüsen der Arbeiterbienen gebildet wird. Der wichtigste Job einer Bienenkönigin ist es, für Nachwuchs zu sorgen und so den Fortbestand des Volkes zu sichern. Und genau das macht sie mit großer Effizienz: Eine Bienenkönigin legt etwa ein Ei pro Minute – das sind pro Tag immerhin rund 1440 Eier. Eine Bienenkönigin ist jedoch viel mehr als eine Gebärmaschine. Sie überwacht auch die gesellschaftliche Ordnung im Bienenstaat. Über die Abgabe eines Botenstoffes, der sogenannten Königinnensubstanz, sorgt sie nicht nur dafür, dass die Fruchtbarkeit ihrer Untertanen, der Arbeitsbienen, unterdrückt wird, sondern auch dafür, dass der Bienenstaat zusammenbleibt. Wird keine Königinnensubstanz mehr gebildet, erkennen die Arbeitsbienen, dass es dringend an der Zeit ist, eine neue Königin heranzuzüchten.

Workers feed and tend to the queen bee. While the queen bee lives for several years, the members of her swarm live for just a few weeks.

Arbeiterinnen füttern und pflegen die Bienenkönigin. Während diese mehrere Jahre alt wird, leben die Mitglieder ihres Schwarms nur einige Wochen.

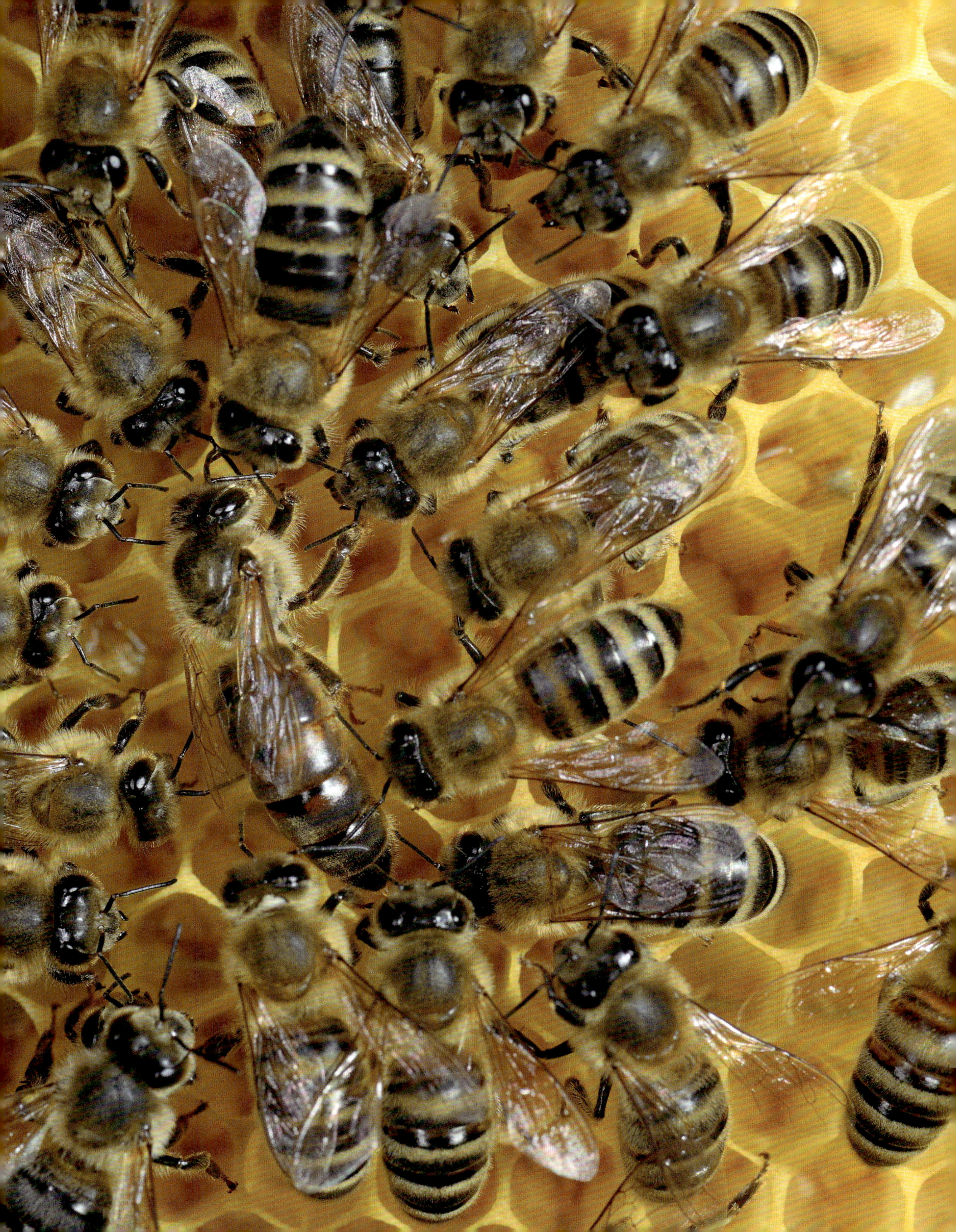

Left and right: Honey bees attack a predatory hornet that has entered their hive in search of prey. They form a tight cluster around the larger insect. Through this phenomenon, known as thermoballing, the hornet's body temperature rises so much that it subsequently dies of hyperthermia.

Links und rechts: Honigbienen attackieren eine räuberische Hornisse, die auf der Suche nach Beute in ihren Stock eingedrungen ist. Sie bilden ein dichtes Knäuel um das größere Insekt. Durch dieses sogenannte »Thermoballing« steigt die Körpertemperatur der Hornisse so stark an, dass sie an Überhitzung stirbt.

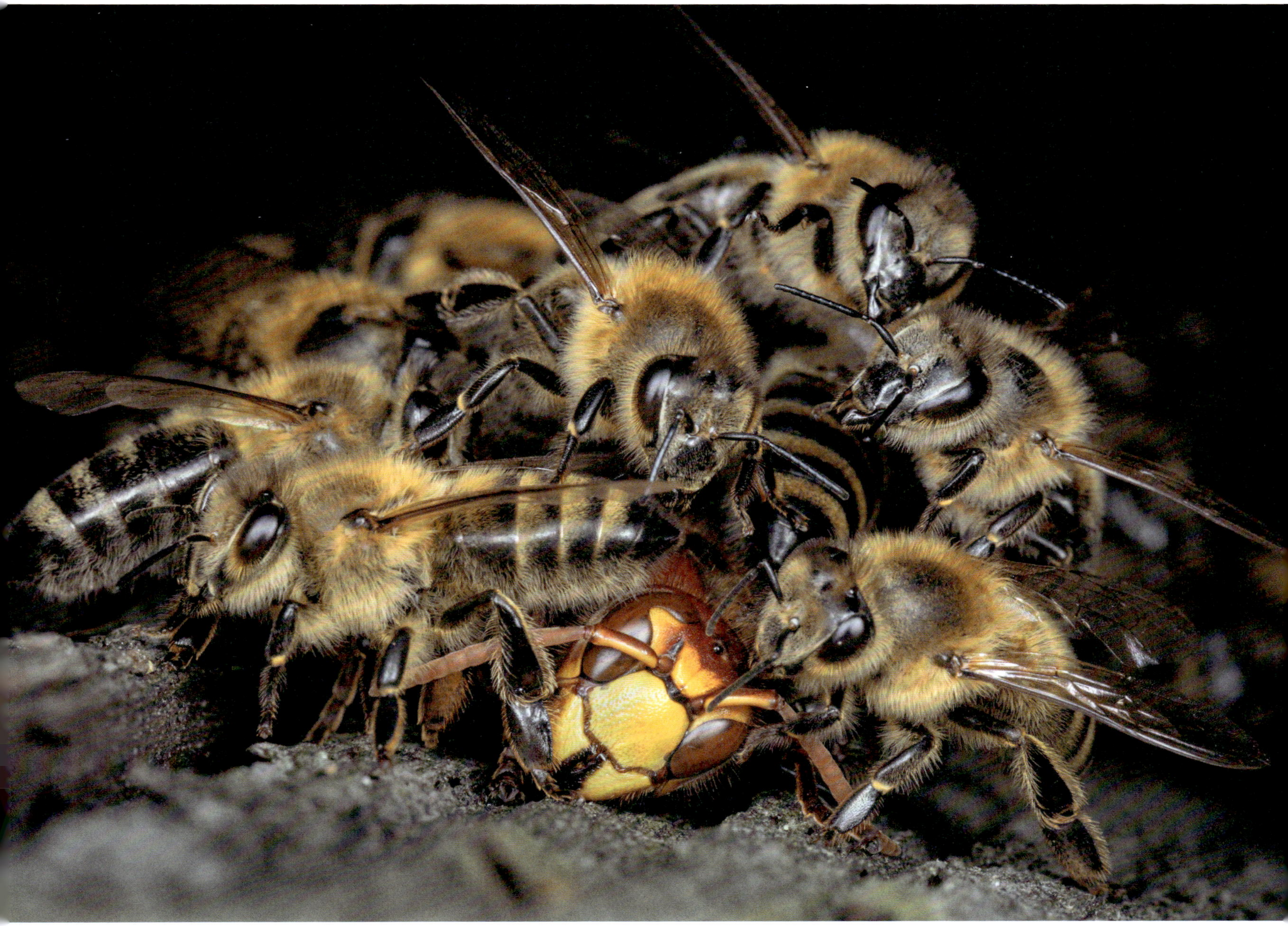

LEADERS OF THE PACK

MAMMAL
SÄUGETIER

Bonobos are not only among the very few animals that have sex in the missionary position, they are also the only ones that actually French kiss each other.

Bonobos gehören nicht nur zu den ganz wenigen Tieren, die Geschlechtsverkehr in der sogenannten Missionarsstellung praktizieren, sie sind auch die einzigen Tiere, die echte Zungenküsse austauschen.

An endangered species, bonobos are found exclusively in the Democratic Republic of the Congo. The number of bonobos living there can only be estimated, because after all, we do not want to interfere with them in their tropical rainforest home.

Die als bedrohte Art geltenden Bonobos kommen ausschließlich in der Demokratischen Republik Kongo vor. Wie viele dort genau leben, ist höchstens zu schätzen – schließlich will man sie im tropischen Regenwald auch nicht stören.

Bonobo
Pan paniscus

When it comes to the bonobos, our closest relatives in the animal kingdom with a genetic makeup that is almost 99 percent the same as ours, females are always and almost exclusively in charge, ruling the clan with a gentle touch in the vast majority of cases. This is true even though the females of this ape species of central Africa are smaller and weaker than their male counterparts. The secret of the bonobo matriarchy is clearly the ability of the females to form coalitions. When two or three female bonobos band together, they are superior to even the strongest of male bonobos. Males, conversely, almost never form coalitions to counter this concentrated female power. Evidently, bonobo males are not remotely as successful at networking. The reason for this has not yet been discovered, demonstrating an existing need for research in this area.

Bonobo
Pan paniscus

Bei unserer nächsten Verwandtschaft im Tierreich, den Bonobos, deren genetische Ausstattung immerhin zu fast 99 Prozent mit der von uns Menschen übereinstimmt, haben nahezu ausschließlich die Weibchen das Sagen. Und natürlich handelt es sich auch beim Leittier einer Bonobogruppe stets um eine Anführerin, die die Sippschaft in den allermeisten Fällen allerdings mit sanfter Hand leitet. Und das, obwohl die Weibchen dieser Menschenaffenart, die in Zentralafrika zu Hause ist, kleiner und schwächer sind als ihre männlichen Artgenossen. Das Geheimnis des Bonobo-Matriarchats liegt dabei ganz klar in der weiblichen Fähigkeit, Koalitionen zu bilden. Tun sich nämlich zwei oder drei Bonoboweibchen zusammen, sind sie gemeinsam auch dem stärksten Bonobomann überlegen. Die Männchen gehen dagegen so gut wie nie Koalitionen ein, um diese geballte Frauenpower zu kontern. Offenbar sind Bonobomännchen bei weitem nicht so erfolgreiche tierische Netzwerker. Warum das so ist, hat man noch nicht herausgefunden. Hier besteht also noch Forschungsbedarf.

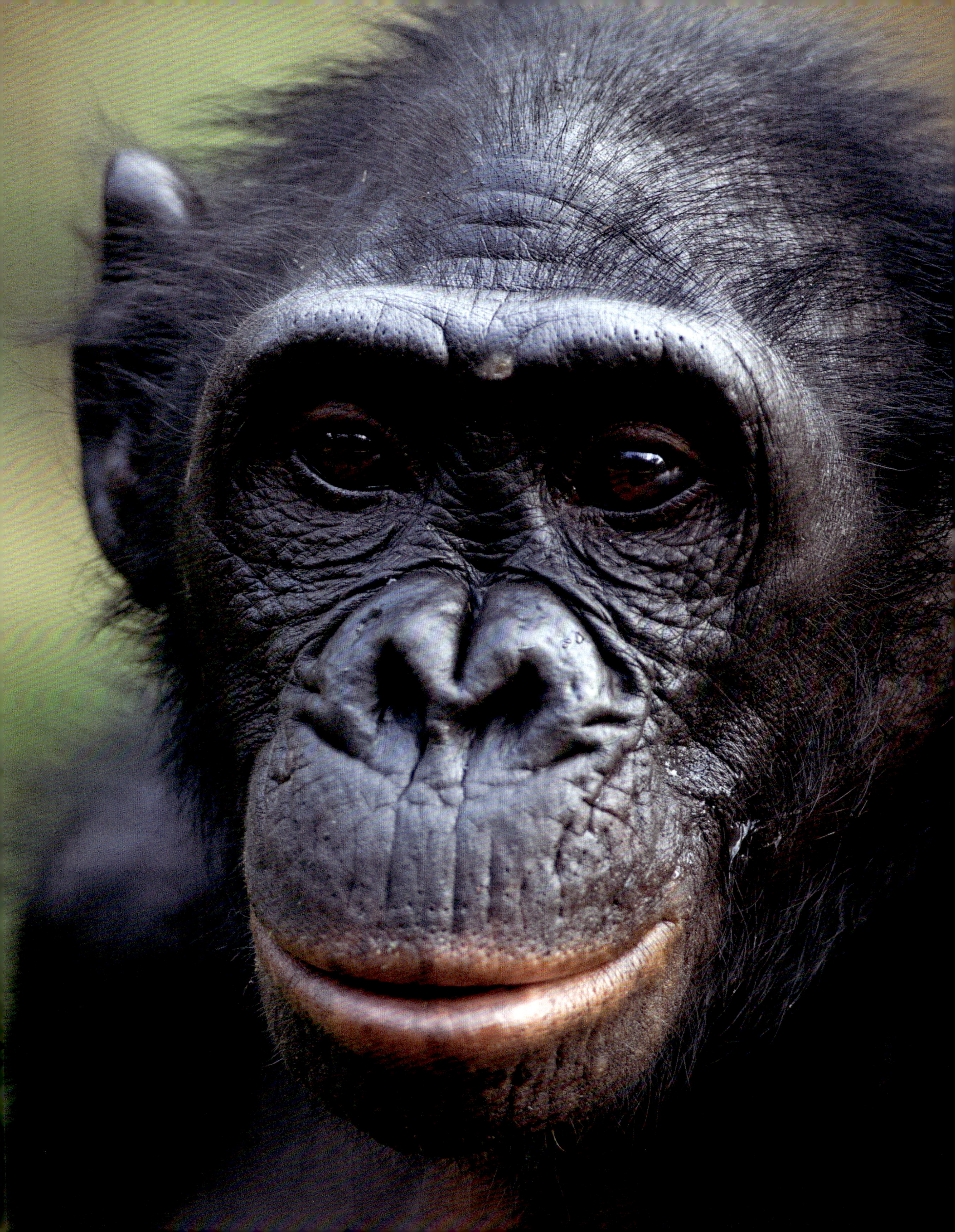

Life in the bonobo matriarchy is exceptionally peaceful. Disputes and conflicts within the group are often resolved through sex.

Im Bonobo-Matriarchat geht es ausgesprochen friedlich zu. Streitigkeiten und Konflikte innerhalb der Gruppe werden häufig durch Sex abgebaut.

Bonobos usually live together in communities of up to 120 members, which occasionally divide into smaller subgroups.

Bonobos leben üblicherweise in Großgruppen von bis zu 120 Tieren zusammen, die sich allerdings auch zeitweise in kleinere Untergruppen aufteilen können.

Bonobos are among the most intelligent of all animals; some even use tools.

Bonobos gehören zu den intelligentesten Tieren überhaupt; manche verwenden sogar Werkzeuge.

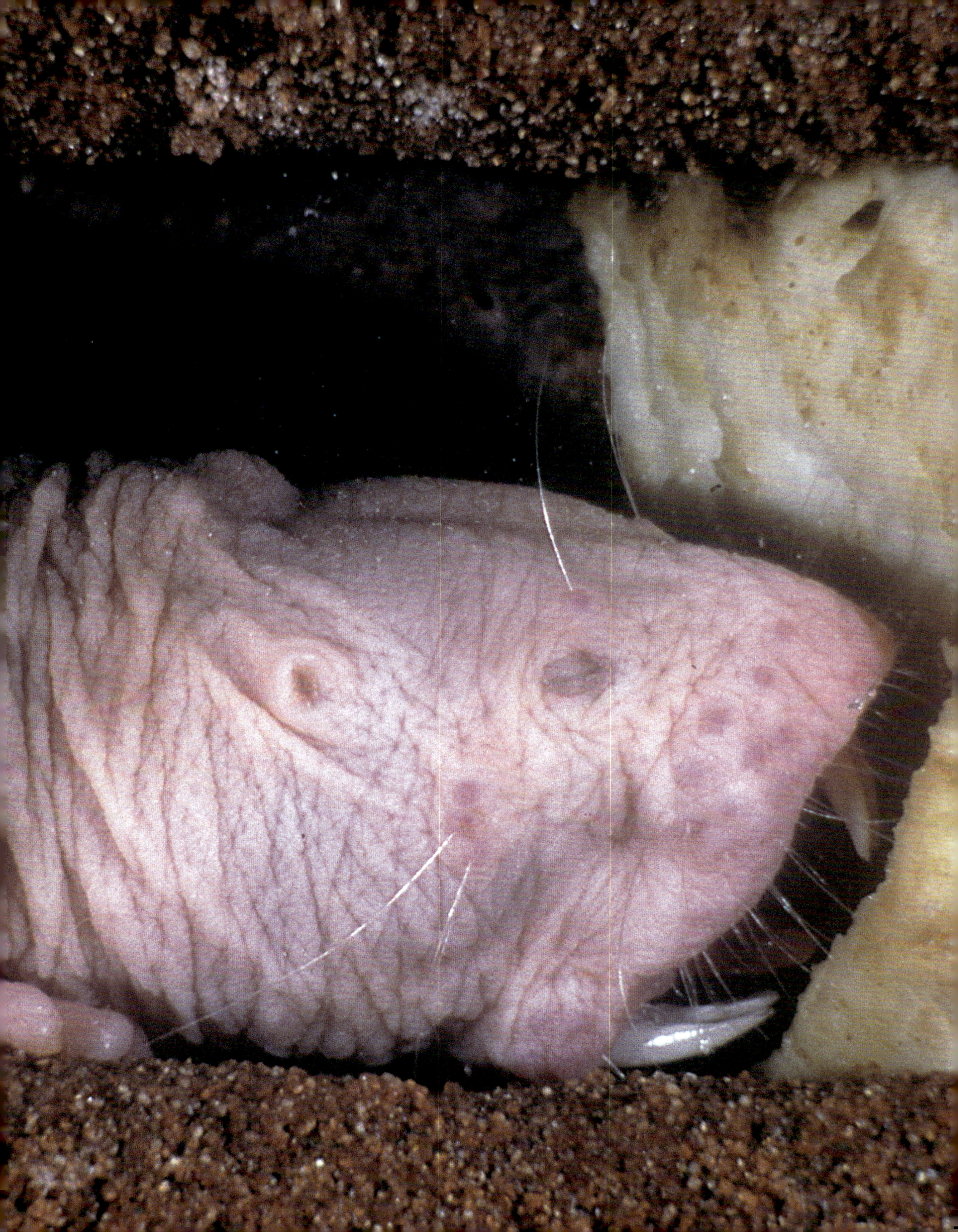

LEADERS OF THE PACK

MAMMAL
SÄUGETIER

The naked mole-rat is by no means a beauty. It regularly ends up among the top five in contests for the title of "the ugliest animal in the world."

Eine Schönheit ist der Nacktmull nicht. Bei immer wieder mal veranstalteten Wahlen zum »hässlichsten Tier der Welt« landet er mit schöner Regelmäßigkeit unter den Top Fünf.

Small eyes, tiny ears, big teeth: A naked mole-rat eating a tuber.

Kleine Augen, winzige Ohren, große Zähne: Nacktmull beim Verspeisen einer Pflanzenknolle.

Naked mole-rat
Heterocephalus glaber

Naked mole-rats are the only species of mammal that live in social systems with a strict hierarchical structure. The only other place such systems are found in the animal kingdom is among insects known as social insects, like termites, ants, and bees. Found in eastern Africa, these little rodents live in subterranean tunnel systems with corridors that can measure up to three miles in length. And like social insects, naked mole-rats have a highly specialized division of labor. There are tunnellers who dig the underground tunnels, soldiers who stand guard at the tunnel exits, and babysitters who take care of the young. The absolute ruler in the naked mole-rat society is a naked mole-rat queen who rules over her subjects with ruthless means. She is the only one allowed to reproduce. And to make sure it stays that way, the monarch bullies her female subjects violently with constant targeted abuse in the form of pushing, hissing, and even biting. This puts them under tremendous stress, which prevents the eggs in their ovaries from maturing.

Nacktmull
Heterocephalus glaber

Unter den Säugetieren sind Nacktmulle die einzige Art, die in streng hierarchisch strukturierten Sozialstaaten lebt, wie man sie im Tierreich sonst nur bei den sogenannten sozialen Insekten, den Termiten, Ameisen oder Bienen findet. Die kleinen Nagetiere hausen im östlichen Afrika in unterirdischen Tunnelsystemen, deren Gänge sich auf bis zu fünf Kilometern Länge erstrecken können. Und wie bei sozialen Insekten herrscht auch bei Nacktmullen eine hoch spezialisierte Arbeitsteilung: Da wären »Bauarbeiter«, die die unterirdischen Tunnel graben, »Soldaten«, die an den Höhlenausgängen Wache halten, und »Babysitter«, die sich um den Nachwuchs kümmern. Absolute Herrscherin im Nacktmullstaat ist eine Nacktmullkönigin, die ihre Untertanen mit rabiaten Methoden regiert. Sie ist das einzige Tier, das sich fortpflanzen darf. Und damit das auch so bleibt, mobbt die Monarchin die anderen Artgenossen durch ständige gezielte Schikanen wie Schubsen, Fauchen und sogar Beißen so heftig, dass sie unter massiven Stress gesetzt werden – eine Belastung, die dazu führt, dass die Eizellen in den Eierstöcken der weiblichen Untertanen nicht mehr zur Reifung gelangen.

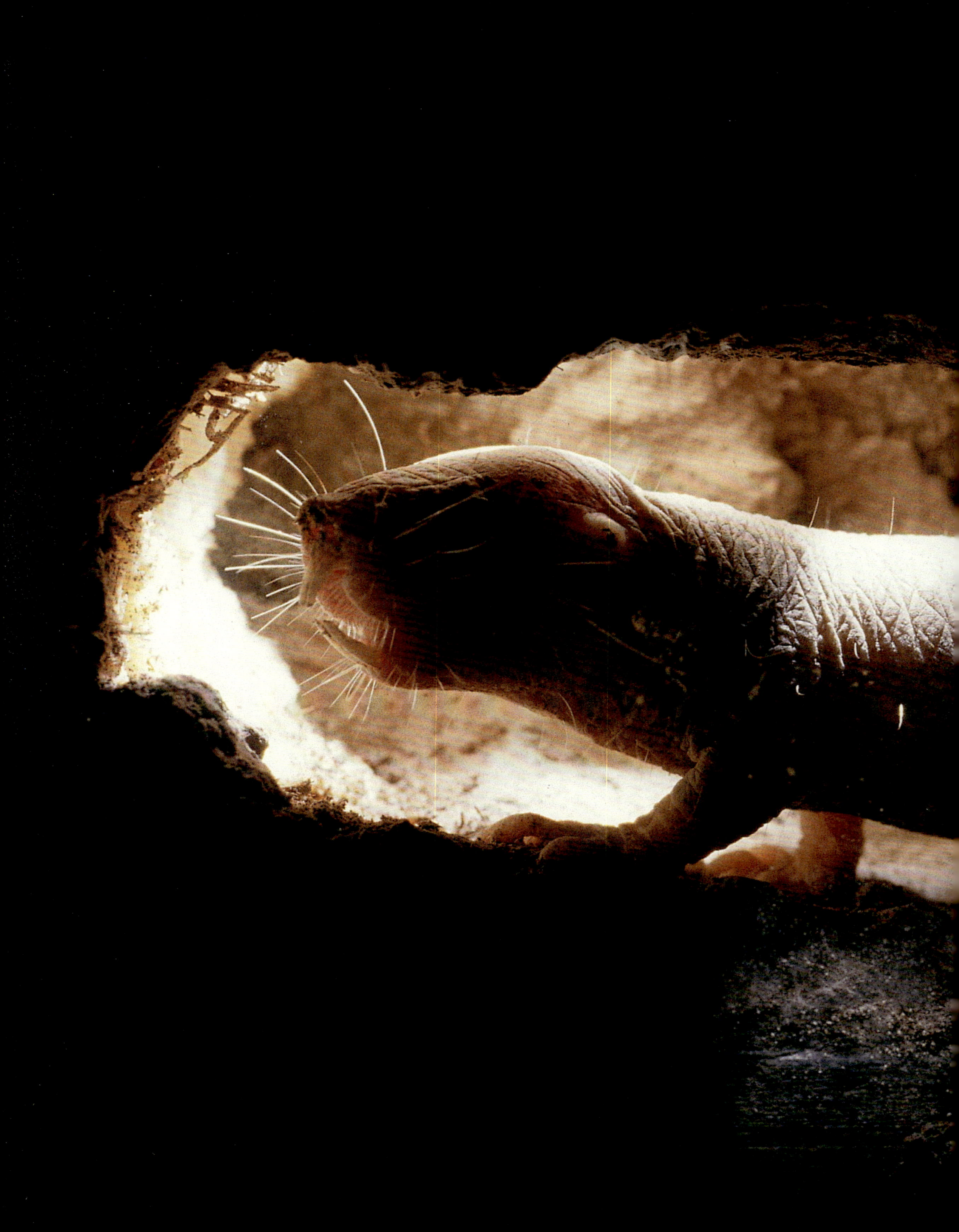

Naked mole-rats have plenty of sensational features: They live to a ripe old age, are insensitive to pain, and never get cancer.

Nacktmulle haben viele sensationelle Besonderheiten zu bieten: Sie werden steinalt, sind schmerzunempfindlich und erkranken niemals an Krebs.

Naked mole-rat babies nursed by their mother. The animals keep each other warm in their underground burrow.

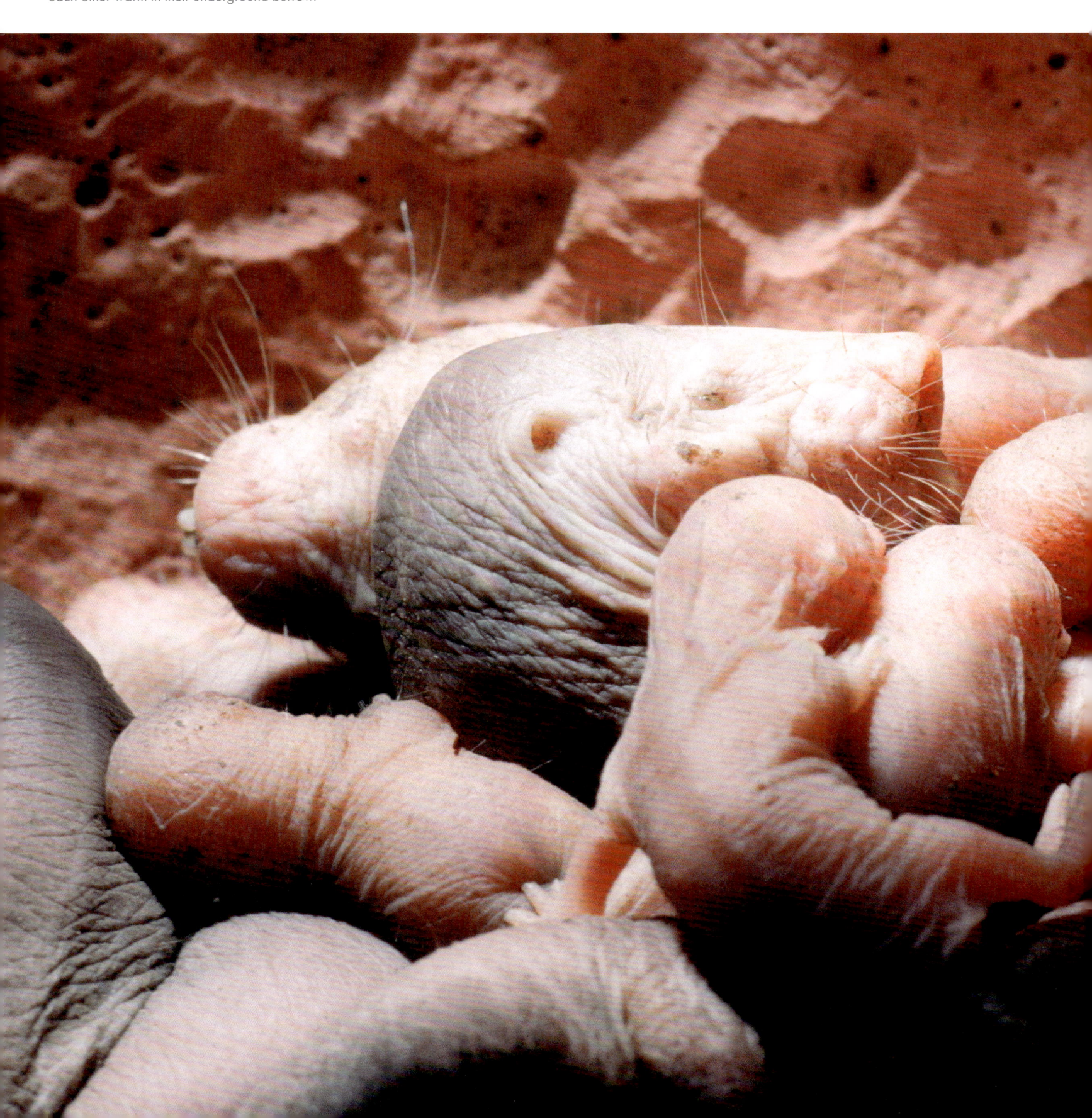

Nacktmullnachwuchs beim Säugen am Muttertier. Die Tiere wärmen sich gegenseitig im unterirdischen Bau.

LEADERS OF THE PACK

MAMMAL
SÄUGETIER

Ring-tailed lemurs achieved global fame thanks to two Hollywood blockbusters, the animated movie *Madagascar* and the comedy *Fierce Creatures*.

Weltweite Bekanntheit erlangten Kattas durch zwei Hollywood-Blockbuster, den Animationsfilm Madagaskar sowie der Komödie Wilde Kreaturen.

Ring-tailed lemurs can only be found on Madagascar and are among the most well-known lemurs.

Kattas kommen ausschließlich auf Madagaskar vor und gehören zu den bekanntesten Lemuren überhaupt.

Ring-tailed lemur
Lemur catta

Not only are lemurs the unofficial mascots of Madagascar, they are also a favorite among children in zoos around the world. Ring-tailed lemurs with their characteristically long, ringed tails live in groups of up to 25 animals, where the females are clearly the ones wearing the pants. And they sometimes enforce their position of authority against males who want to challenge the pecking order with a powerful punch or a ferocious bite. The dominance of the females can be easily observed in the marching order of a group of lemurs. While the highest-ranking females march in the front, lower-ranking males have to make do with a spot at the rear of the group—with the females and males each defining their own respective order within the group. Incidentally, ring-tailed lemur males establish their hierarchy using a method known as stink fights. First, the little monkeys wet the tips of their long tails with a nasty-smelling secretion produced in special glands in their forearms. Then they wave their specially prepared tails wildly in the direction of their rivals. These stink fights continue until one of the participants eventually becomes annoyed enough to give up.

Katta
Lemur catta

Kattas sind nicht nur die inoffiziellen Maskottchen Madagaskars, sondern auch in den Zoos dieser Welt die Lieblinge der Kinder. Die Lemuren mit dem charakteristisch geringelten langen Schwanz leben in Gruppen von bis zu 25 Tieren, in denen klar die Weibchen die Hosen anhaben. Und diese setzen ihre Vorrangstellung auch schon mal mit einem kräftigen Faustschlag oder einem heftigen Biss gegen Männchen durch, die die Rangfolge in Frage stellen wollen. Die Dominanz der Weibchen kann man sehr schön bei der Marschordnung einer Kattagruppe beobachten: Während die höchstrangigen Weibchen vorneweg marschieren, müssen sich die niederrangigen Männchen mit einem Platz am Ende der Gruppe begnügen – wobei die Weibchen und Männchen jeweils ihre eigene Rangordnung innerhalb der Gruppe festlegen.
Kattamänner etablieren ihre Hierarchie übrigens mit Hilfe sogenannter Stinkkämpfe: Dazu benetzen die kleinen Affen zunächst die Spitzen ihre langen Schwänze mit einem übel riechenden Sekret, das in speziellen Drüsen ihrer Unterarme gebildet wird. Mit dem derart präparierten Schwanz wedeln sie dann wild in Richtung ihres Rivalen. Diese »Duftkämpfe« dauern so lange, bis einer der Beteiligten schließlich entnervt aufgibt.

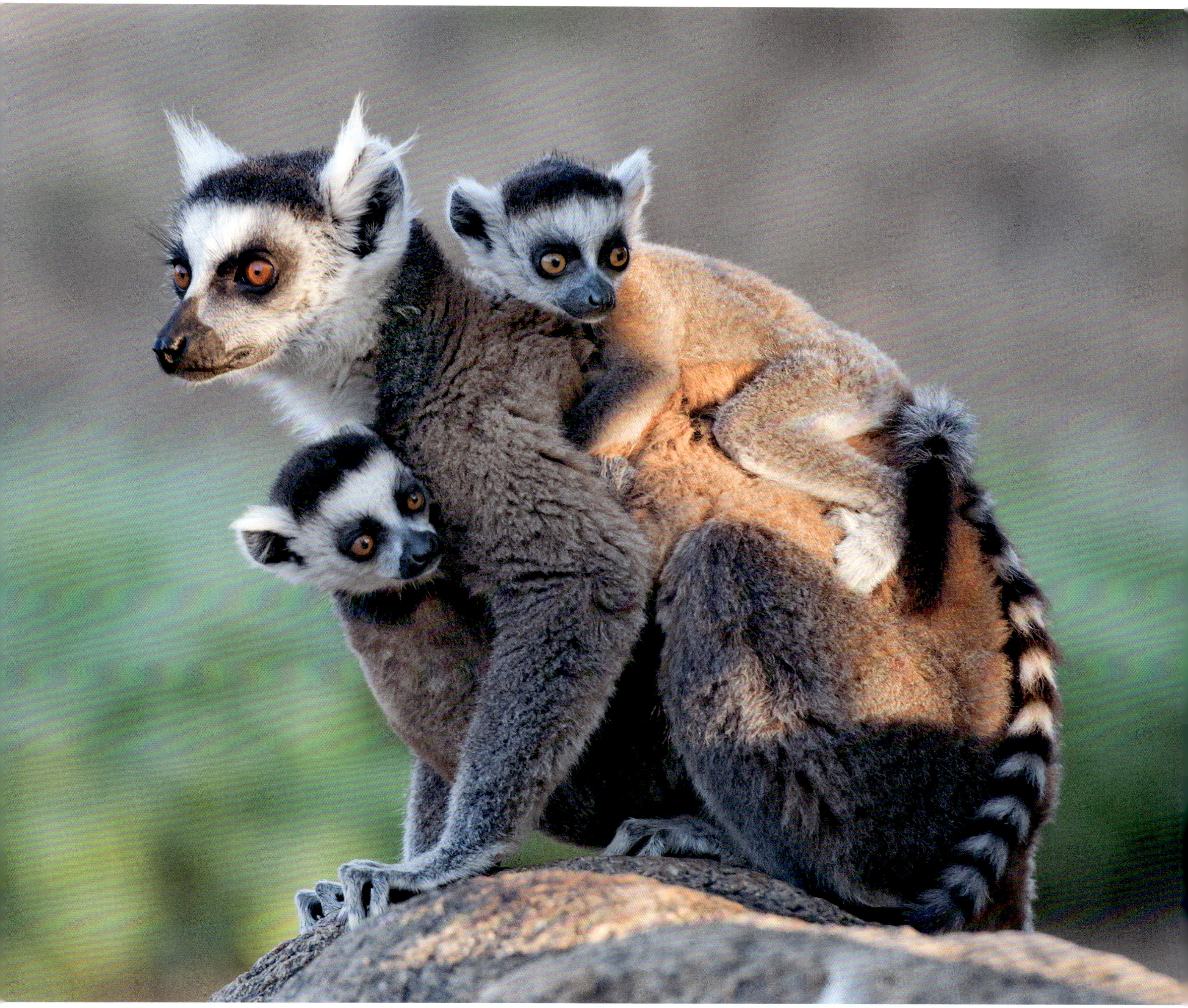

The lemurs use their long, ringed tails for communication, much like cats do.

Der lange geringelte Schwanz der Kattas dient, ähnlich wie bei Katzen, der Kommunikation.

Unlike most other lemurs, ring-tailed lemurs are predominantly active during the day. They live in large groups of 13 to 15 animals on average.

Kattas, die im Gegensatz zu den meisten anderen Lemuren überwiegend tagaktiv sind, leben in Großgruppen von durchschnittlich 13 bis 15 Tieren.

These lemurs can weigh up to 7.7 pounds and are generally omnivorous, but prefer to eat fruit the most.

Die bis zu 3,5 Kilogramm schweren Lemuren sind grundsätzlich Allesfresser, greifen jedoch am liebsten bei Früchten zu.

Though they mainly live on the ground, lemurs are excellent climbers.

Obwohl sie überwiegend am Boden leben, sind Kattas ausgezeichnete Kletterer.

Doing a handstand: A female lemur with a youngster on her back marks her territory.

Im Handstand: Ein Kattaweibchen mit Jungtier auf dem Rücken markiert sein Revier.

THE POWER OF *Choice*

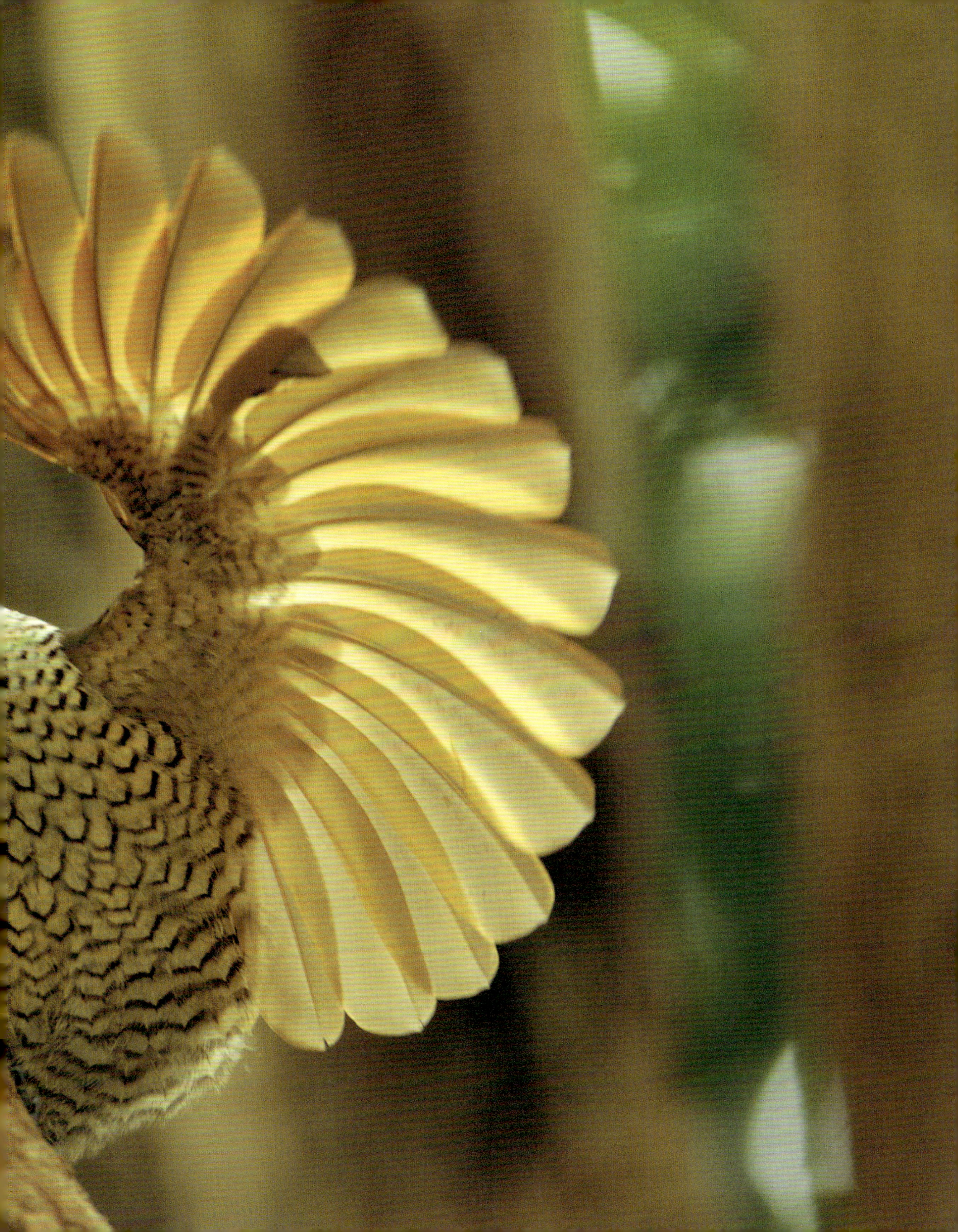

THE POWER OF CHOICE

MALES HAVE TO MAKE A *huge effort* TO BE PERSUASIVE

Whether it's a blackbird, a hyena, or a tree frog—it is ladies' choice in the animal kingdom. It is not the presumed gentlemen who choose their partners in the vast majority of cases; it is the females, at least in the case of higher species like mammals and birds. And they can be quite picky about it. There is, of course, a good reason for this. In most animal species, the female investment in their shared offspring proves to be much higher than that of the male. While the male contribution often consists of just a batch of sperm deposited within a few seconds or minutes, females have to put in more intensive and significantly longer efforts when it comes to their young. Many females spend weeks, months, and in some cases even years gestating, breeding, nursing, and successfully raising their young. Naturally, the females would like to find as a mate the male who has the best genes, or at least the one they assume has the best genetic makeup. After all, these advantageous characteristics will be passed on to the offspring they share. In evolutionary biology, this trait is called the good genes hypothesis. In other words, the females use external characteristics or behavioral patterns to try to identify which male candidate is best suited to provide healthy and, above all, viable offspring. This, in turn, means that the males have to work hard to win over the female of their choice and outdo any possible competitors. So when it comes to mating, there's usually very little that goes on in the animal kingdom without a lot of self-promotion on the part of the males. And it varies completely from species to species. Some kinds of animals, such as birds, whales, insects, and even some fish, are crooners who try to convince the lady who has captured their heart of their other qualities using their acoustic abilities. Other suitors strive to reach the goal of their desire with attractiveness and splendor, like the pheasant, with its magnificent plumage, or the peacock, which erects its famous fan using its opulent train. Similarly, the stag and the lion try to make an impression with their stately antlers and impressive mane. Sometimes hard physical exertion is also demanded of the candidates. For example, among the superb lyrebird, a colorful bird found in the rainforests of southeastern Asia, only the best dancers have a chance with the ladies. And last but not least, an attractive female's heart can also be captured in the animal kingdom with a beautiful gift. Kingfishers like to present the lady of their choice with a small fish during their courtship display. So when it comes to flirting, a wide variety of methods have been adopted in the animal world.

DIE MÄNNCHEN MÜSSEN SICH *mächtig anstrengen,* UM ZU ÜBERZEUGEN

Egal, ob Amsel, Hyäne oder Laubfrosch – im Tierreich herrscht Damenwahl. Zumindest bei den höheren Tieren wie Säugetieren oder Vögeln sind es in den allermeisten Fällen nicht die vermeintlichen Herren der Schöpfung, sondern die Weibchen, die sich ihren Partner ausgucken. Und sie können dabei ziemlich wählerisch sein. Das hat natürlich seinen guten Grund: Bei den meisten Tierarten erweist sich die weibliche Investition in den gemeinsamen Nachwuchs als wesentlich höher als die männliche. Während der männliche Beitrag häufig gerade mal aus einer Reihe von Spermien besteht, die innerhalb weniger Sekunden oder Minuten abgegeben werden, müssen sich die weiblichen Tiere in Sachen Nachwuchs intensiver und deutlich länger ins Zeug legen. Viele Weibchen verbringen Wochen, Monate und in einigen Fällen sogar Jahre mit Trächtigkeit, Brutgeschäft, Säugen und der erfolgreichen Aufzucht der Jungtiere.

Da möchten die Weibchen natürlich möglichst ebenjenes Männchen als Partner gewinnen, das über die besten Gene verfügt oder von dem sie zumindest annehmen, dass es die beste genetische Ausstattung hat. Schließlich sollen diese vorteilhaften Eigenschaften an den gemeinsamen Nachwuchs weitergeben werden.
In der Evolutionsbiologie wird diese Eigenart als »Gute-Gene-Hypothese« bezeichnet. Will heißen: Die Weibchen versuchen anhand äußerlicher Merkmale oder Verhaltensmuster herauszufinden, welcher männliche Bewerber am besten geeignet ist, für gesunden und vor allem überlebensfähigen Nachwuchs zu sorgen. Was wiederum für die Männchen bedeutet, dass sie sich gewaltig ins Zeug legen müssen, um bei der Dame ihrer Wahl zu punkten und eventuelle Konkurrenten auszustechen. Ohne kräftige Eigenwerbung läuft im Tierreich also in Sachen Paarung für die Männchen meist herzlich wenig. Und die ist von Art zu Art völlig unterschiedlich. Manche Tierarten wie Vögel, aber auch Wale, Insekten und sogar einige Fische betätigen sich als Minnesänger und versuchen, die Dame ihres Herzens durch ihre akustischen Fähigkeiten von ihren übrigen Qualitäten zu überzeugen. Andere Bewerber, wie etwa der Fasan, der auf sein prächtiges Gefieder setzt oder der Pfau, der mithilfe seiner opulenten Schwanzschleppe sein berühmtes Rad schlägt, bemühen sich, mit Attraktivität und Pracht ans Ziel ihrer Wünsche zu gelangen. Ähnlich gehen Hirsch und Löwe vor, die mit einem stattlichen Geweih beziehungsweise einer ebensolchen Mähne Eindruck schinden wollen. Manchmal wird von den Bewerbern auch harter körperlicher Einsatz verlangt. So kommen beim Graurückenleierschwanz, einem bunten Vogel in den Regenwäldern Südostasiens, nur die besten Tänzer bei den Weibchen zum Zug. Und last but not least kann man das Herz einer attraktiven Dame auch im Tierreich mit einem schönen Präsent erobern: Eisvögel überreichen der Dame ihrer Wahl bei der Balz gerne einen kleinen Fisch. In Sachen Flirt haben sich in der Tierwelt also die unterschiedlichsten Methoden durchgesetzt.

THE POWER OF CHOICE

BIRD
VOGEL

Kingfishers have monocular vision in the air, where each eye is used separately, and binocular vision underwater, where both eyes are used together.

Der Name des Vogels hat nichts mit einer Vorliebe für Eis zu tun – er leitet sich aus dem althochdeutschen Wort für Eisen ab, ein Attribut für sein »schillerndes« Gefieder.

Its colorful iridescent plumage makes the kingfisher unmistakable.

Sein bunt schillerndes Federkleid macht den Eisvogel unverwechselbar.

Common kingfisher
Alcedo atthis

One of the most impressive birds in Europe thanks to their colorful plumage, kingfishers exhibit a phenomenon that is arguably unique in the animal kingdom, called courtship feeding. This is a procedure during which a male kingfisher presents his female with the gift of a fish he caught himself, accompanied by a deep bow. Quite obviously, good manners are also important among kingfishers. If the courtship is successful, the female will accept the gift with trembling wings. After all, she is receiving extra nutrients to be able to produce her brood of six to seven eggs. According to experts, courtship feeding strengthens the bond between the pair, and it presumably also assists in assessing the capabilities of the potential partner. The female kingfisher receiving the gift likely concludes from this that a suitor who is good at catching fish is certainly also a suitable father for her future children.

Eisvogel
Alcedo atthis

Bei Eisvögeln, die dank ihres bunten Gefieders zu den eindrucksvollsten Vögeln Europas zählen, kann man ein Phänomen beobachten, das im Tierreich wohl einzigartig ist: die sogenannte Balzfütterung. Eine Prozedur, bei der das Eisvogelmännchen seinem Weibchen ein Geschenk überreicht – und zwar einen selbst gefangenen Fisch, begleitet von einer tiefen Verbeugung. Ganz offensichtlich legt man auch unter Eisvögeln Wert auf gute Umgangsformen. Ist die Werbung in eigener Sache erfolgreich, nimmt das Weibchen das Präsent mit zitternden Flügeln überaus wohlwollend entgegen. Schließlich erhält es auf diese Weise weitere Nährstoffe, um die etwa sechs bis sieben Eier des Geleges hervorbringen zu können. Nach Ansicht von Fachleuten stärkt die Balzfütterung zum einen die Paarbindung, sie dient aber vermutlich auch der Einschätzung der Fähigkeiten des potenziellen Partners. Das beschenkte Eisvogelweibchen schließt wohl daraus: Ein Verehrer, der gut Fische fangen kann, ist sicher auch ein geeigneter Vater meiner zukünftigen Kinder.

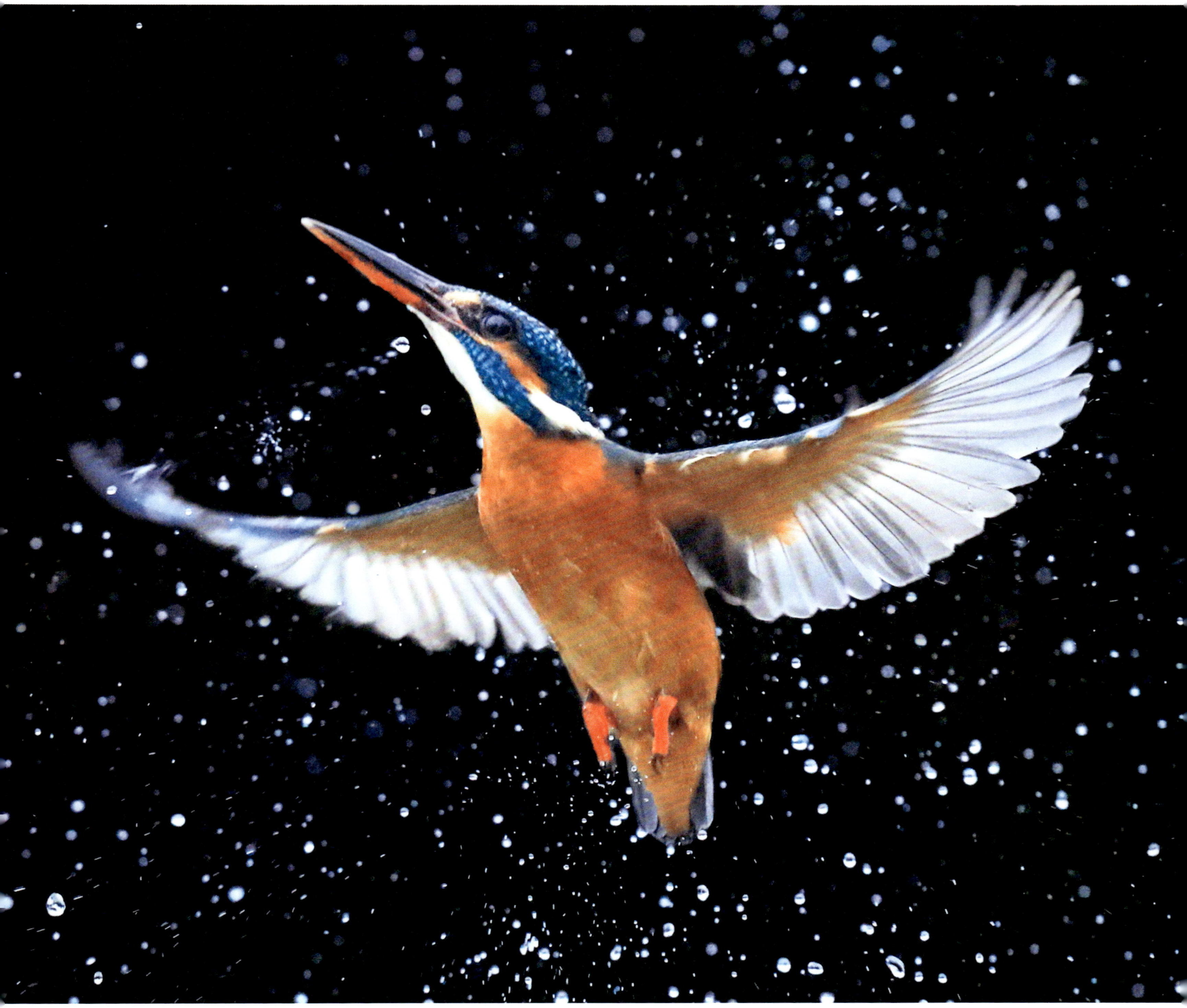

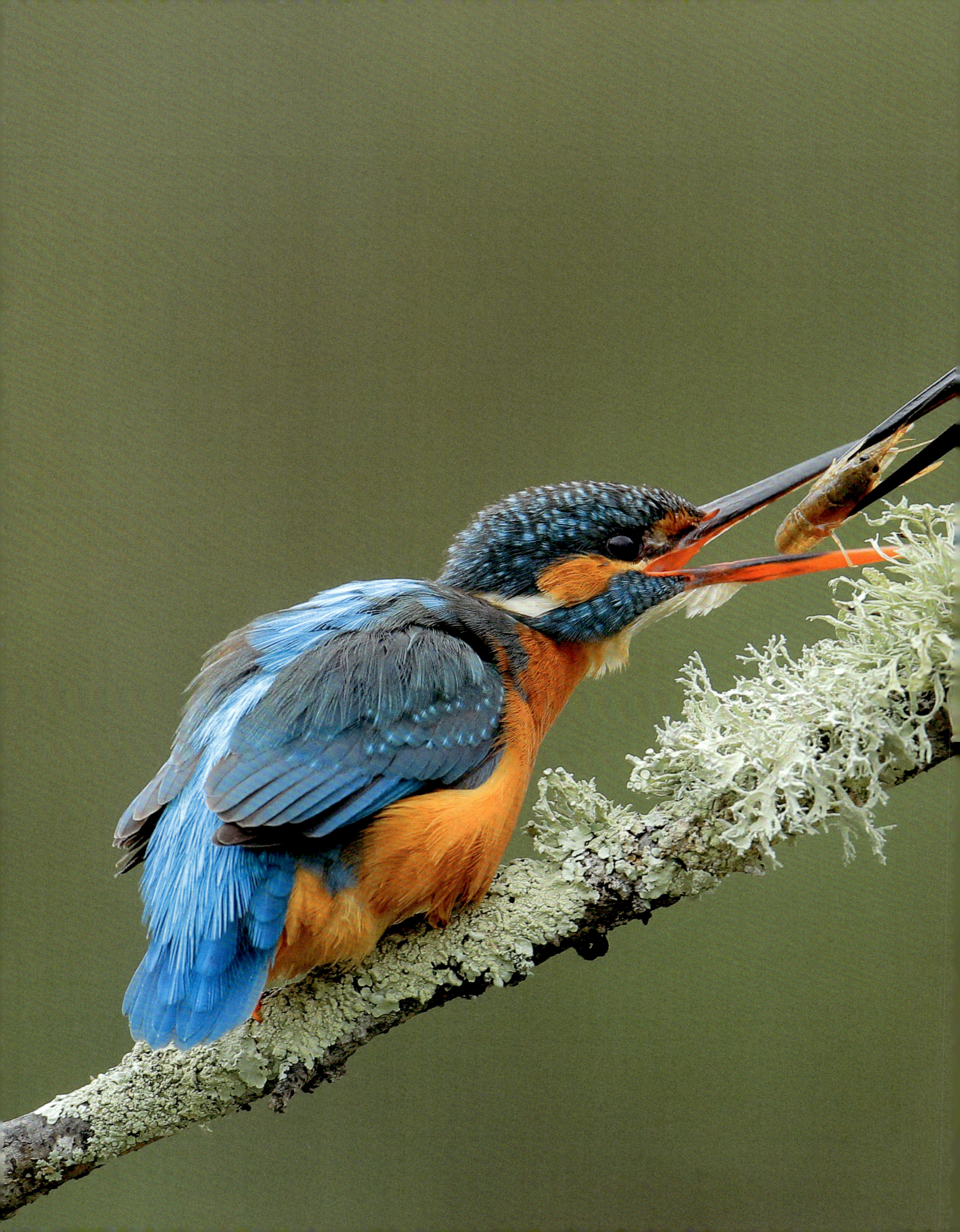

Courtship feeding: A male kingfisher presents a female with a crayfish as a wedding gift.

Balzfütterung: Ein Eisvogelmännchen übergibt einem Weibchen einen Flusskrebs als Hochzeitsgeschenk.

A kingfisher plunges through the water's surface and grabs its prey.

Ein Eisvogel durchbricht im Sturzflug die Wasseroberfläche und greift sich seine Beute.

A female kingfisher which has just caught a fish.

Weiblicher Eisvogel, der gerade einen Fisch gefangen hat.

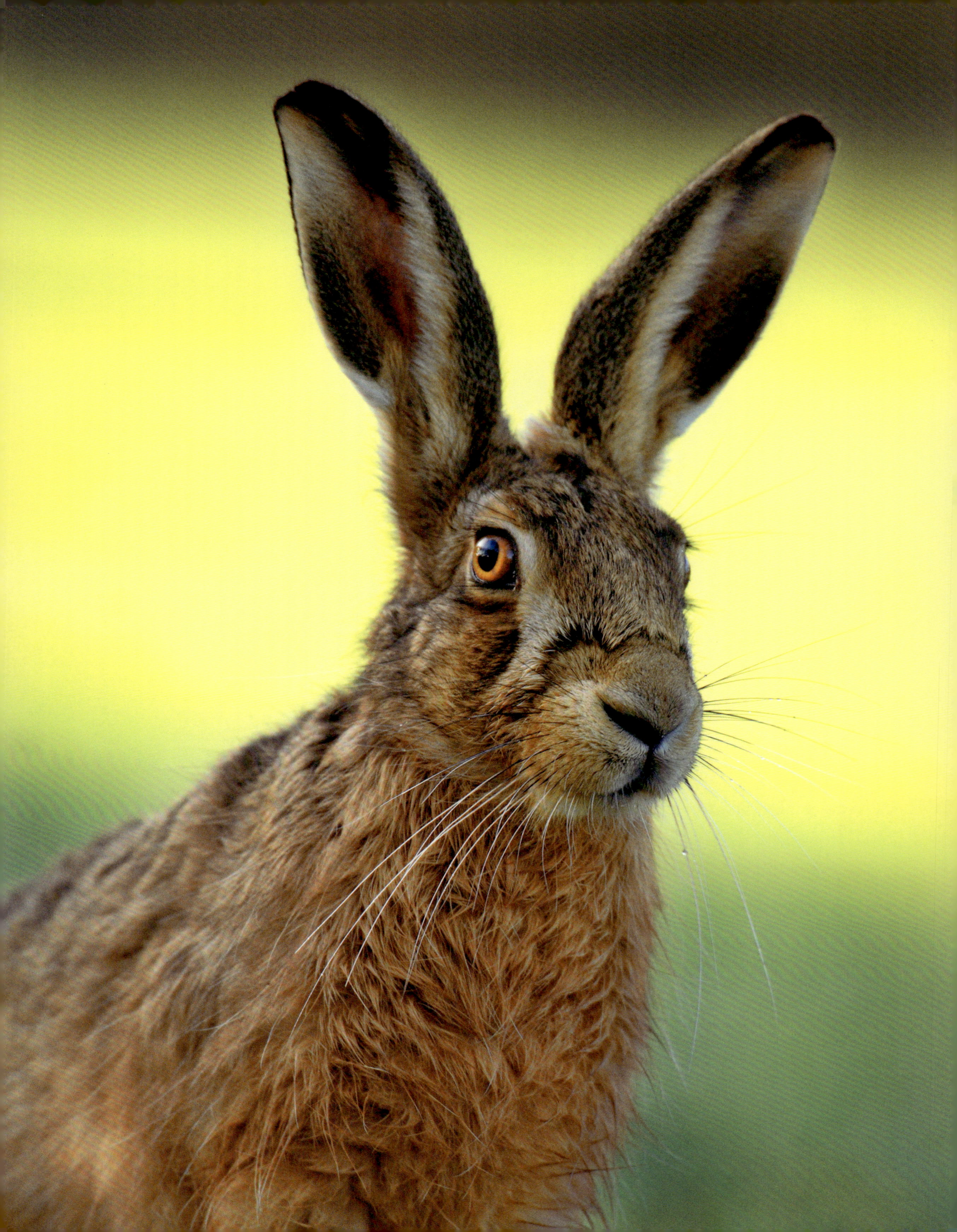

THE POWER OF CHOICE

MAMMAL
SÄUGETIER

European hares are quite nearsighted, but they still manage to keep track of what's going on. With their eyes positioned at the sides, they have a field of vision of almost 360 degrees.

Feldhasen sind ziemlich kurzsichtig und behalten dennoch den Überblick: Dank ihrer seitlich stehenden Augen haben sie ein Sehfeld von fast 360 Grad.

European hares are shy, solitary creatures that usually only leave the safety of their hiding place at dusk or at night.

Feldhasen sind scheue Einzelgänger, die normalerweise nur in der Nacht oder Dämmerung ihr sicheres Versteck verlassen.

Feldhase
Lepus europaeus

Im März und April kann man auf Wiesen und Feldern ein Spektakel der besonderen Art beobachten: Die sogenannte Hasenhochzeit, den Höhepunkt der Fortpflanzungszeit der Feldhasen. Da geht es an speziellen Orten, den sogenannten »Rammelplätzen« so richtig zur Sache. Zunächst einmal ringen die männlichen Hasen mit wilden Boxeinlagen um die Gunst der Häsinnen. Anschließend liefern sich die siegreichen Männchen mit den Weibchen geradezu akrobatische Verfolgungsjagden, bei denen sie sich gegenseitig überspringen, Haken schlagen und explosive Luftsprünge absolvieren. Kommt der Hasenmann dabei der Häsin zu nahe, dann wirft sie sich herum und schlägt ihrem Verehrer mit den Vorderpfoten auf den Kopf. Und der Rammler, der immer wieder Körperkontakt sucht, schlägt kräftig zurück. Das hat einen guten Grund: Auch bei Feldhasen sind es die Weibchen, die sich ihre Partner aussuchen. Und die müssen ihre Leistungsfähigkeit eben in spektakulären Boxkämpfen und Wettläufen demonstrieren. Das ganze anstrengende Treiben dient darüber hinaus dem Austausch körpereigener Duftstoffe, die Aggressionen abbauen und die Häsin allmählich gefügig machen sollen.

European hare
Lepus europaeus

In March and April, you can witness a very special event in meadows and fields, something known as March Madness. This is the height of the breeding season of hares and things really get going in special mating areas. First, the male hares compete for the favor of the female hares in fierce boxing matches. The winning males then engage in downright acrobatic pursuits with the females, jumping over each other, zigzagging, and performing dramatic aerial jumps. If the male hare gets too close to the female, she flings herself around and hits her admirer on the head with her front paws. And the male hare, always seeking physical contact, strikes back hard. There is a good reason for this. In European hares as well, the females are the ones who choose their mates. And prospective mates have to demonstrate their prowess in a series of spectacular boxing matches and races. All of this strenuous activity also facilitates the exchange of natural scents between them, intended to reduce aggression and gradually make the female hare more compliant.

It looks funny, but it can get rough: Two male European hares fight for the favor of a female.

Sieht putzig aus, kann ruppig werden: Zwei Feldhasenmännchen kämpfen um die Gunst einer Häsin.

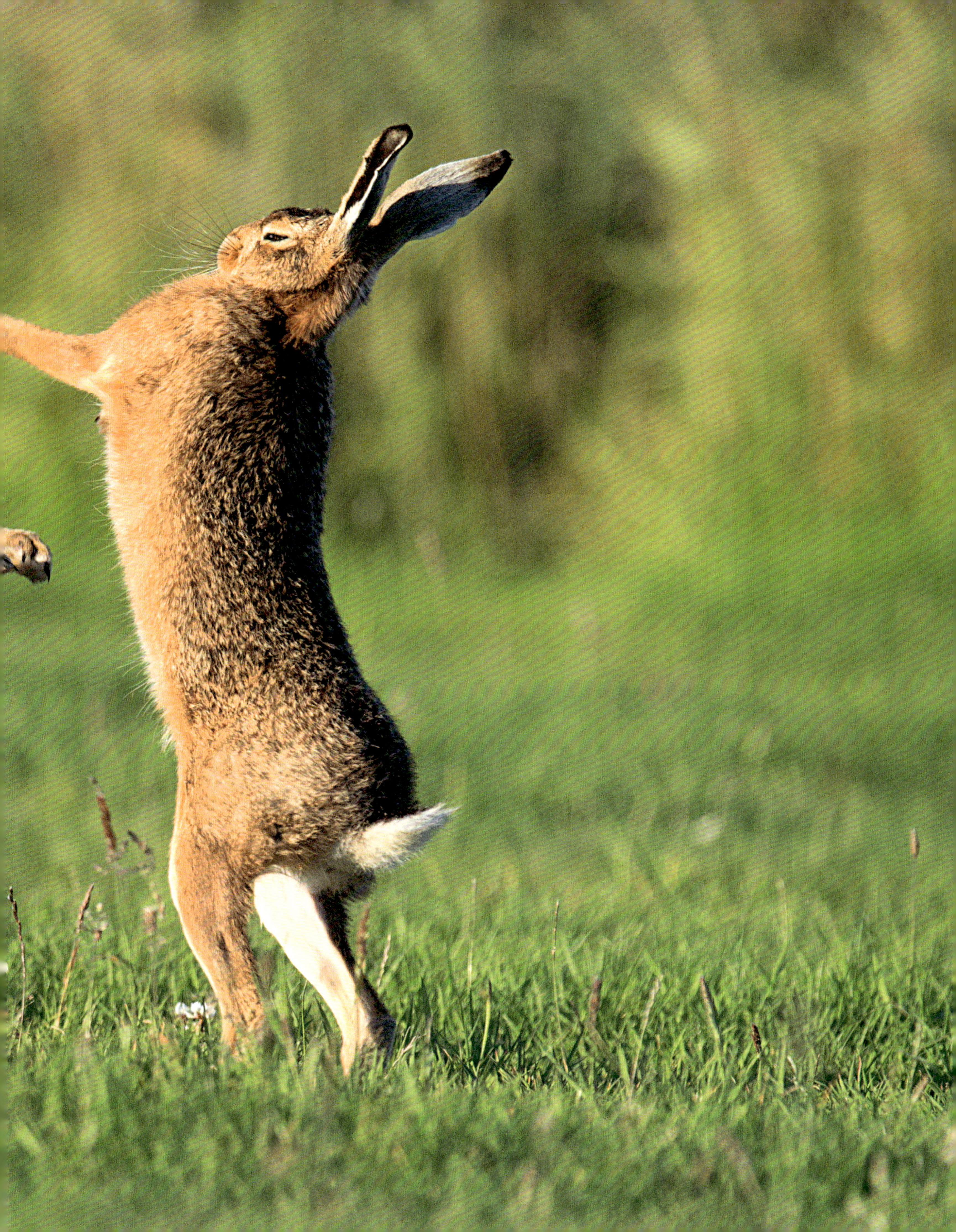

Odd foreplay: Male and female hares engage in wild scuffles and chases during the breeding season.

Kurioses Vorspiel: Hase und Häsin liefern sich in der Fortpflanzungszeit wilde Rangeleien und Verfolgungsjagden.

A fast-paced hare courtship—a spectacle that includes the exchange of natural body scents.

Rasante Hasenhochzeit – ein Spektakel, das unter anderem dem Austausch körpereigener Duftstoffe dient.

During their chases, European hares can reach top speeds
of up to 50 miles per hour.

Bei ihren Verfolgungsjagden erreichen Feldhasen Spitzengeschwindigkeiten von bis zu 80 Stundenkilometern.

THE POWER OF CHOICE

BIRD
VOGEL

African jacana males often carry their offspring around under their wings. Only their feet dangle from the feathers.

Beim Blaustirn-Blatthühnchen tragen die Männchen ihren Nachwuchs nicht selten unter den Flügeldecken umher. Nur die Füße der Jungtiere ragen dann aus dem Gefieder hervor.

The African jacana likes it wet: It inhabits both permanent and temporary wetlands.

Das Blaustirn-Blatthühnchen mag es nass: Es besiedelt sowohl permanente als auch vorübergehend bestehende Feuchtgebiete.

Blaustirn-Blatthühnchen
Actophilornis africanus

Beim Blaustirn-Blatthühnchen ist alles umgekehrt. Nicht das Männchen hält sich, wie das etwa bei Straußenvögeln der Fall ist, einen weiblichen Harem, sondern das dominante Weibchen erweist sich als echter Vamp, frönt gezielt der Vielmännerei und paart sich mit mehreren Männchen. In der Wissenschaft spricht man hier von einem polyandrischen Fortpflanzungssystem. Auch im Übrigen sind die Geschlechterrollen bei den kleinen Vögeln, die im südlichen Afrika zu Hause sind, vertauscht: Beim Blaustirn-Blatthühnchen ist es nämlich das Männchen, das für den Nestbau, das Brutgeschäft und die Aufzucht des Nachwuchses verantwortlich ist. Das Weibchen dagegen ist – völlig untypisch für Vögel – für die Überwachung und Verteidigung des Reviers, in dem sich mehrere männlich geführte Nester befinden, verantwortlich. Bei vier oder mehr Nestern keine ganz leichte Aufgabe.

African jacana
Actophilornis africanus

Everything is the other way around when it comes to the African jacana. Unlike ostriches, for example, the male doesn't keep a female harem. Instead, there is a dominant female who proves to be quite the vamp, indulging herself by mating with several males. In science, this mating system is called polyandry. The gender roles are also reversed in these small birds, which are native to southern Africa. The male jacana is the one responsible for building the nest, brooding, and raising the offspring, while the female, completely atypical for birds, is responsible for overseeing and defending the territory. This is not an easy job, because a jacana territory can include four or more male-led nests.

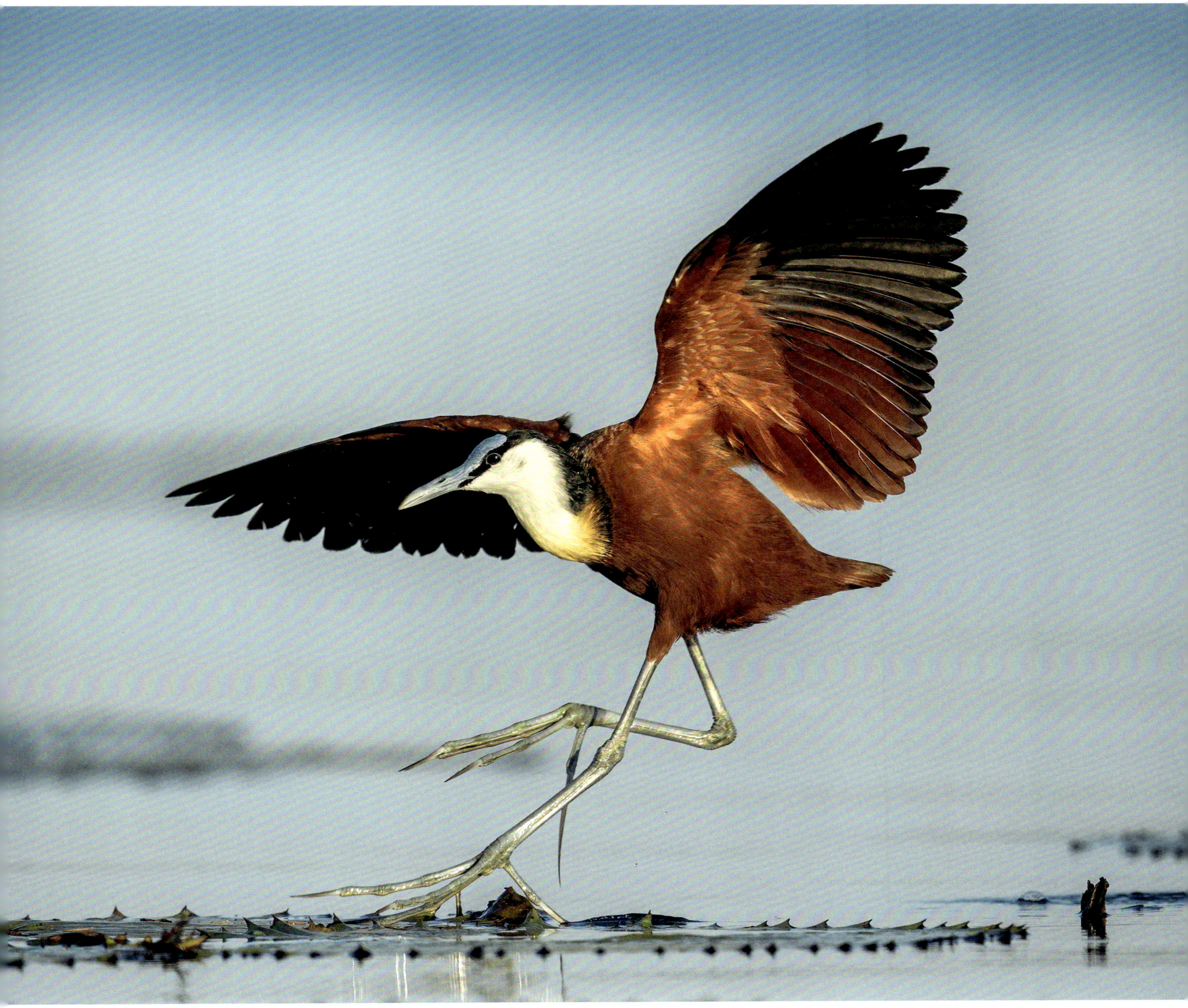

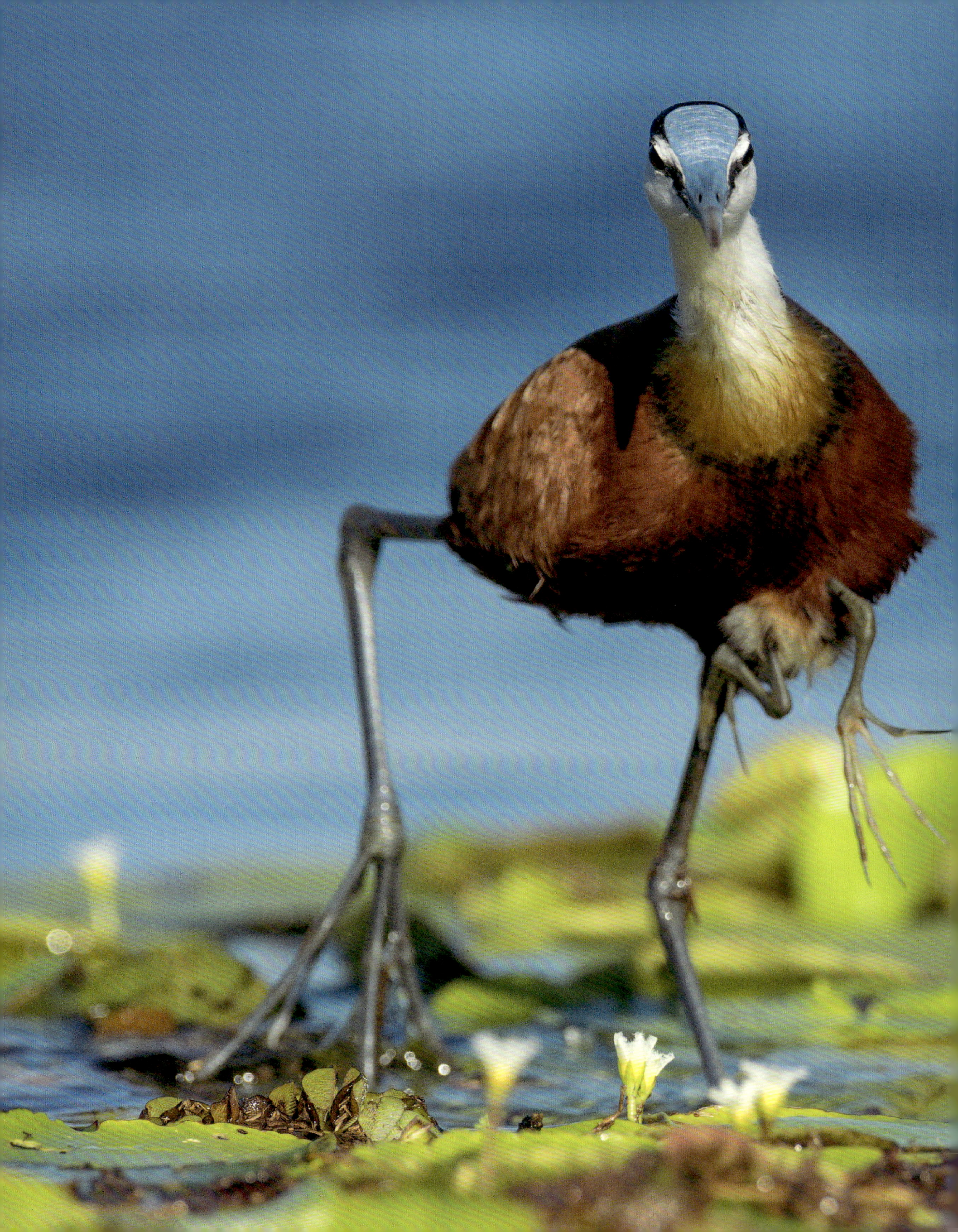

Optimal weight distribution: Its long toes and claws allow this male African jacana to walk across floating plants. It carries a young chick under its wing.

Optimale Gewichtsverteilung: Die langen Zehen und Krallen erlauben es diesem männlichen Blaustirn-Blatthühnchen, über Schwimmpflanzen zu laufen. Unter dem Flügel trägt es ein Jungtier.

While the female is already busy with something else, the male takes care of the chick for up to three months.

Während das Weibchen schon wieder anderweitig beschäftigt ist, kümmert sich das Männchen bis zu drei Monate um das Küken.

She calls the shots: A female African jacana attacks a male.

Sie sagt, wo's langgeht: Weibliches Blaustirn-Blatthühnchen attackiert ein Männchen.

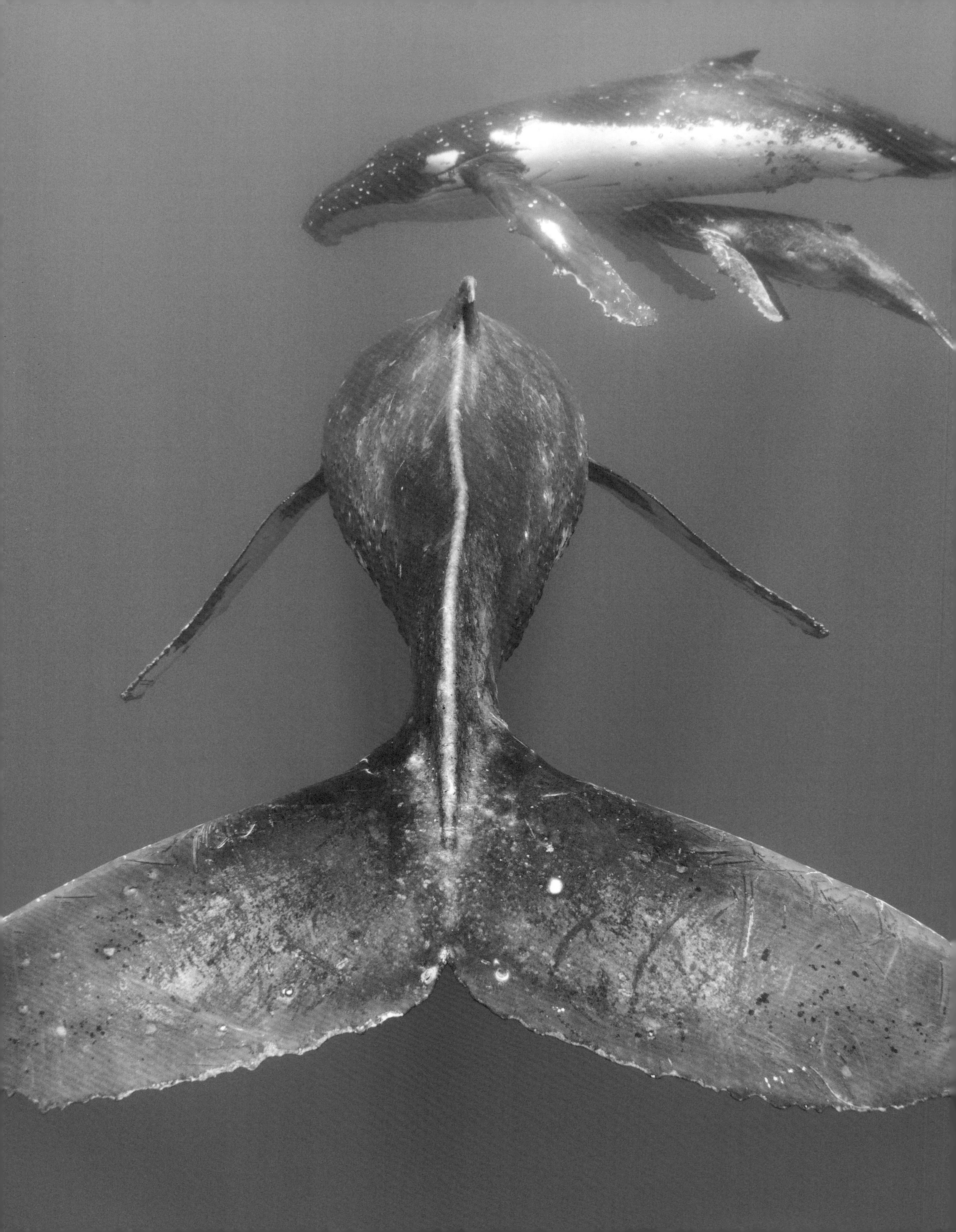

THE POWER OF CHOICE

MAMMAL
SÄUGETIER

Humpback whales are not only famous for their songs, they also perform acrobatic breaches during which these creatures of several tons launch their entire bodies out of the water.

Buckelwale sind nicht nur für ihre Gesänge, sondern auch für ihre akrobatischen Sprünge bekannt, bei denen sich die tonnenschweren Tiere mit dem gesamten Körper aus dem Wasser katapultieren.

The view from behind is pretty impressive too: Humpback whales grow up to 50 feet long and have pronounced pectoral fins (flippers) and an enormous fluke. In the picture: a male, behind him an adult female with a youngster.

Auch die Hinteransicht beeindruckt: Buckelwale werden bis zu 15 Meter lang und haben ausgeprägte Brustflossen (»Flipper«) und eine gewaltige Fluke. Im Bild ein Männchen, dahinter ein erwachsenes Weibchen mit einem Jungtier.

Humpback whale
Megaptera novaeangliae

Humpback whales are among the loudest singers in the animal kingdom, reaching a level of 190 decibels. By comparison, a jet reaches about 140 decibels over a distance of 80 feet. A male humpback whale can serenade a female for a full 30 minutes at a stretch, using the quality of his song to demonstrate that he also offers many assets as a lover. However, these gray giants are not only among those with the most endurance and the loudest, they are also among the best vocal artists the animal kingdom has to offer. Research shows that the melodies of humpback whales only appear to consist of whistles, barks, screams, chirps, grunts, and snores at first glance. They are actually extremely complex in structure and are composed of recurring verses and stanzas. In fact, dialects have even been identified in humpback whale songs. The whales in the North Pacific, for example, sing a completely different song than their counterparts in the South Pacific.

Buckelwal
Megaptera novaeangliae

Buckelwale gehören mit einem Schallpegel von 190 Dezibel zu den lautesten Sängern im Tierreich. Zum Vergleich: Ein Düsenjet erreicht in 25 Metern Entfernung etwa 140 Dezibel. Volle 30 Minuten, so lange kann ein Buckelwal-Männchen ein Weibchen am Stück akustisch betören, um mit der Qualität seines Gesangs zu demonstrieren, dass er auch als Liebhaber viele Vorzüge mitbringt. Die grauen Riesen gehören allerdings nicht nur zu den ausdauerndsten und lautesten, sondern auch zu den besten Gesangskünstlern im Tierreich. Untersuchungen zeigen nämlich, dass die Melodien der Buckelwale nur auf den ersten Blick aus Pfiffen, Bellen, Schreien, Zirpen, Grunzen und Schnarchtönen bestehen. Tatsächlich sind sie äußerst komplex aufgebaut und bestehen aus immer wiederkehrenden Strophen und Versen. Übrigens konnte man bei den Buckelwalgesängen sogar Dialekte identifizieren. Die Tiere im Nordpazifik bedienen sich beispielsweise eines völlig anderen Liedgutes als ihre Artgenossen im Südpazifik.

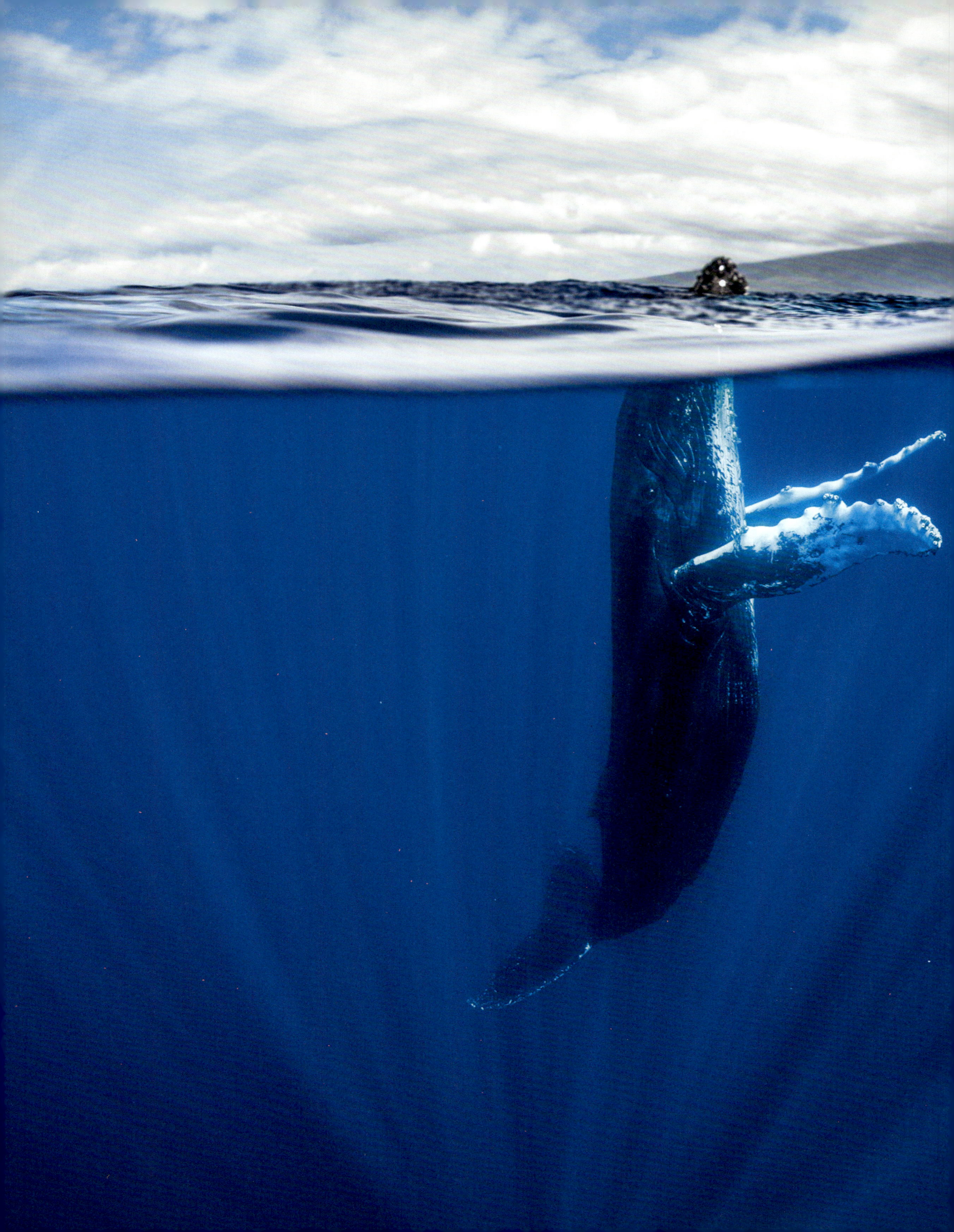

A pair of humpback whales during courtship.

Buckelwalpaar bei der Balz.

Female humpback whale with male calf, with an unrelated male in the background.

Buckelwalweibchen mit männlichem Kalb, im Hintergrund ein nicht verwandtes Männchen.

Various male humpback whales try to attract the attention of a female humpback whale with their acrobatics. The female is already mothering a calf.

Diverse Buckelwalmännchen versuchen mit akrobatischen Einlagen die Aufmerksamkeit eines Buckelwalweibchens zu erringen. Das Weibchen führt bereits ein Kalb.

THE POWER OF CHOICE

AMPHIBIAN
AMPHIBIE

The croaking of the African bullfrog when defending itself is reminiscent of the bellowing of cattle, which is where its name comes from.

Das Gequake, das der Afrikanische Ochsenfrosch bei seiner Verteidigung von sich gibt, erinnert an das Gebrüll von Rindern. Daher rührt sein Name.

The characteristic throat sac serves as a resonator for the male's mating calls.

Der charakteristische Kehlsack dient dem Männchen als Resonanzkörper für seine Balzrufe.

Afrikanischer Ochsenfrosch
Pyxicephalus adspersus

Mit einer Länge von bis zu 20 Zentimetern und einem Gewicht von manchmal über einem Kilogramm ist der Afrikanische Ochsenfrosch – nach dem westafrikanischen Goliathfrosch – der zweitgrößte Frosch der Welt. In der Balzzeit besetzen die Ochsenfroschmänner flache Wasserlachen und versuchen durch laute Paarungsrufe, die an Hundegebell erinnern, Weibchen anzulocken. Die genaue Positionierung der Froschmännchen erfolgt entsprechend ihrem Status. Während jüngere Männchen vor allem in den Außenbereichen des Gewässers zu finden sind, besetzen die dominanten älteren Männchen das Zentrum der Wasserfläche. Dort kommt es dann zu erbittert geführten Revierkämpfen, die bisweilen auch tödlich enden können. Die durch das fortwährende Gequake angelockten Weibchen begeben sich dann gezielt in die Mitte des Gewässers, wo sich, wie gesagt, die stärksten und wohl auch mit den besten Erbanlagen ausgestatteten Froschmännchen befinden. Männliche Afrikanische Ochsenfrösche sind dafür bekannt, dass sie normalerweise ihren Nachwuchs energisch vor Fressfeinden verteidigen. Aber eben nur normalerweise – in Notzeiten verspeisen sie ihre Kaulquappen auch schon mal selbst.

African bullfrog
Pyxicephalus adspersus

With a length of up to eight inches and a weight that can exceed two pounds, the African bullfrog is the second largest frog in the world, after the West African goliath frog. During mating season, male bullfrogs occupy shallow pools of water and attempt to attract females by making loud mating calls that resemble dogs barking. The exact positioning of male frogs varies according to their status. While younger males are mainly found in the outer sections of the water, the dominant older males occupy the center of the water body. There, they engage in fierce territorial fights, which can be fatal at times. The females, attracted by the continuous croaking, move deliberately toward the center of the water, where the strongest frog males, and probably the ones with the best genetic makeup, are located. Male African bullfrogs are known to vigorously defend their young from predators. But only under normal circumstances—in times of need they will even eat their own tadpoles.

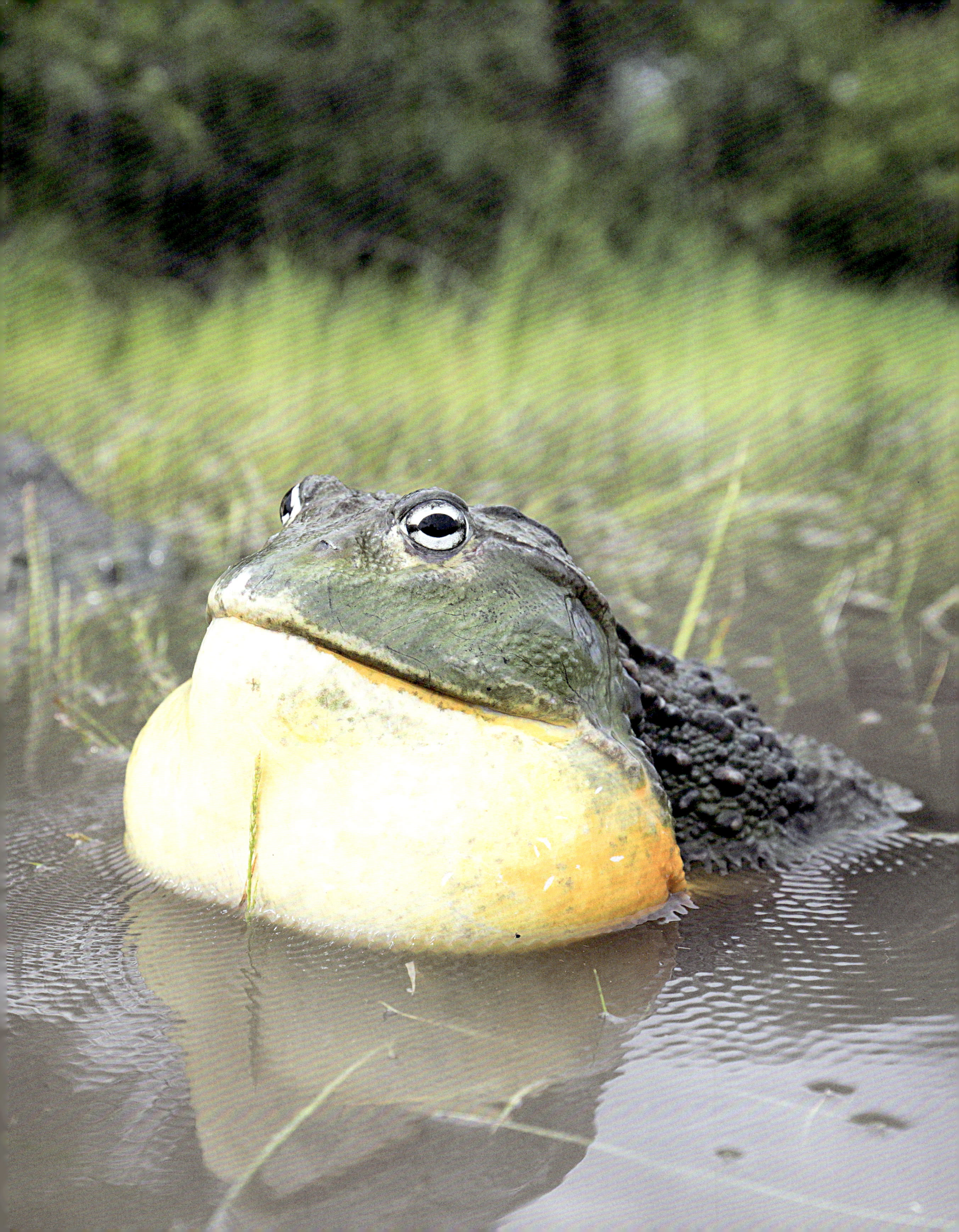

Don't let go! African bullfrog males embrace their females with an iron grip while mating.

Bloß nicht loslassen! Afrikanische Ochsenfroschmännchen umklammern ihr Weibchen während der Paarung mit eisernem Griff.

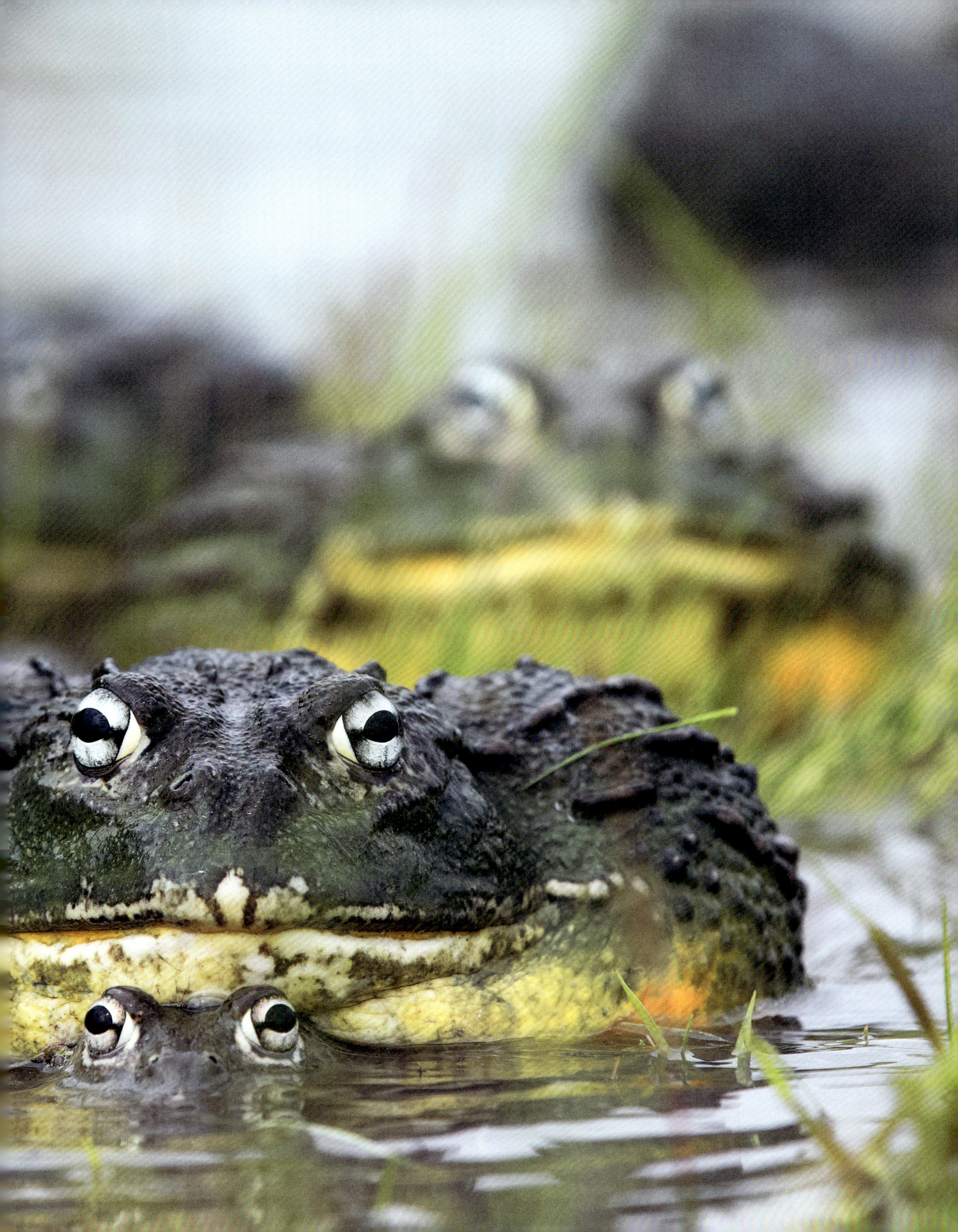

Fierce fighting: Two male African bullfrogs fight tooth and nail over a female.

Harte Bandagen: Zwei männliche Afrikanische Ochsenfrösche kämpfen mit vollem Körpereinsatz um ein Weibchen.

These amphibians can become extremely aggressive when it comes to defending their territory.

Diese Amphibien können äußerst aggressiv werden, wenn es um die Verteidigung ihres Reviers geht.

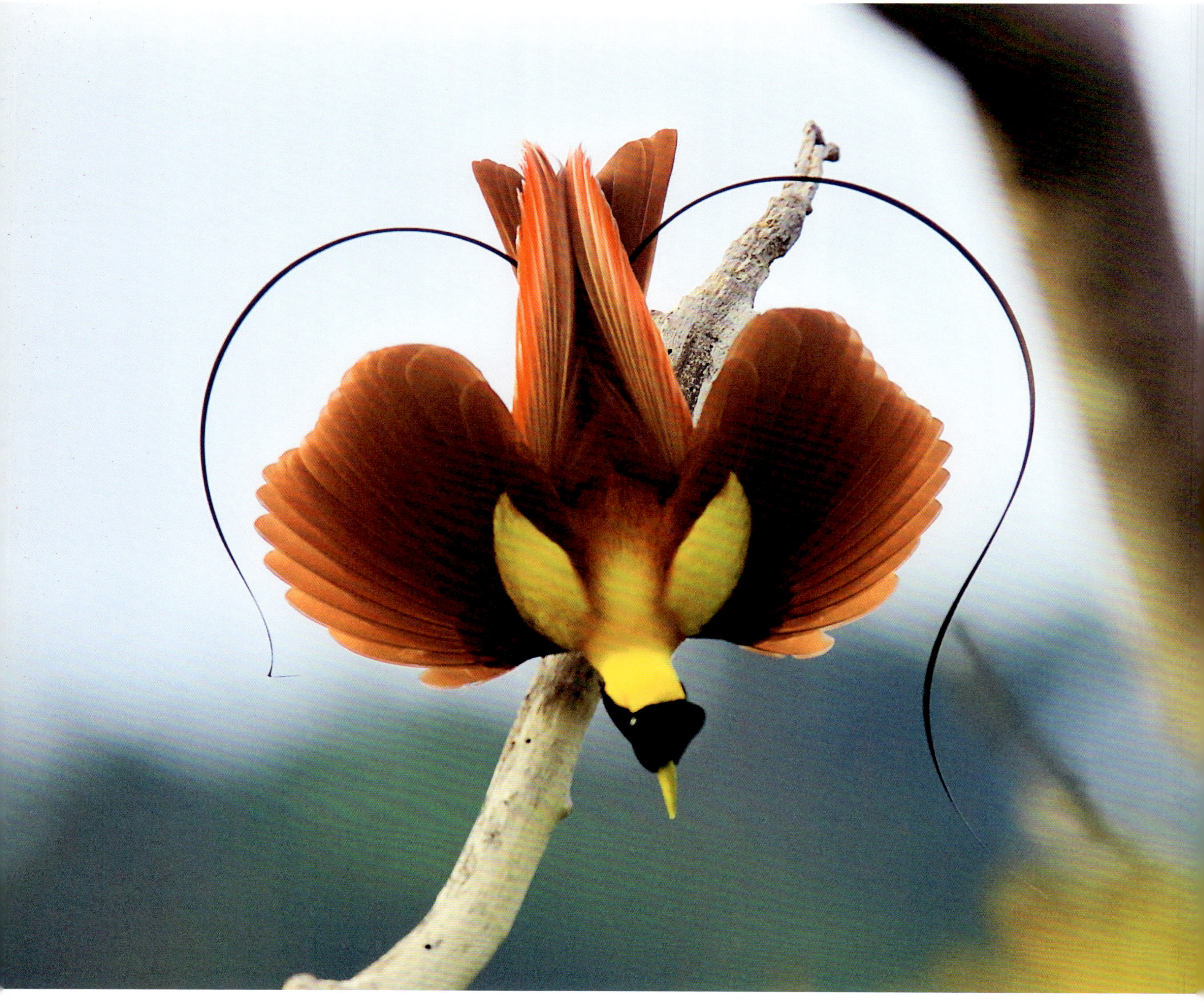

THE POWER OF CHOICE

BIRD
VOGEL

In the past, the magnificent skins and feathers of birds-of-paradise were traded for large sums of money. Today, all 41 bird-of-paradise species are strictly protected under the Convention on International Trade in Endangered Species of Wild Fauna and Flora (CITES).

Früher wurden die prächtigen Bälge und Federn von Paradiesvögeln für große Summen gehandelt. Heute sind alle 41 Paradiesvogelarten durch das Washingtoner Artenschutzabkommen streng geschützt.

Courtship display of a red bird-of-paradise high up in the treetops of the rainforest.

Balzshow eines Rotparadiesvogels hoch oben in den Baumkronen des Regenwalds.

Greater bird-of-paradise
Paradisaea apoda

One of the greatest and most spectacular displays in the animal kingdom is the courtship ritual of birds-of-paradise; a dazzlingly colorful show reminiscent of the Hollywood revues of the 1950s. This is when the male birds-of-paradise go all out to impress the females, while simultaneously outdoing their rivals. First, the gentlemen present all their beauty and splendor by showing off their brightly colored plumage to the females. They support their efforts with lively dance steps and a wide variety of vocalizations—a performance in several acts, so to speak. However, these multi-talented performers are by no means courting separately. They are directly comparing themselves with others. This group courtship usually takes place high up in the trees. There, up to 15 males occupy special courtship spots, which they have carefully cleared of distracting foliage beforehand. The dominant older males snatch up the best locations, in the middle of the "stage," while the younger suitors have to make do with places at the edge. The rather unremarkably colored females then have their pick of suitors, usually opting for the dominant individuals.

Großer Paradiesvogel
Paradisaea apoda

Eines der größten Spektakel im Tierreich ist die Balz der Paradiesvögel: eine tierisch bunte Show, die stark an die Hollywood-Revuen der 1950er-Jahre erinnert. Dann legen sich die männlichen Paradiesvögel gewaltig ins Zeug, um bei den Weibchen Eindruck zu schinden und gleichzeitig ihre Konkurrenten zu übertrumpfen. Zunächst einmal stellen die Herren der Schöpfung ihre ganze Schönheit und Pracht zur Schau, indem sie den Weibchen ihre grell-bunt gefärbten Schmuckfedern präsentieren. Zusätzlich unterstützen sie ihre Bemühungen mit feurigen Tanzschritten und den verschiedenartigsten Lautäußerungen – eine Performance in mehreren Akten sozusagen. Diese Allroundkünstler balzen jedoch keineswegs allein, sondern vergleichen sich direkt mit anderen. Diese »Gruppenbalz« findet meist hoch oben in den Bäumen statt. Dort besetzen bis zu 15 Männchen spezielle Balzplätze, die sie zuvor sorgfältig von störendem Laub befreit haben. Die dominanten älteren Männchen schnappen sich dabei die besten Örtlichkeiten, die sich in der Mitte der »Bühne« befinden, während sich die jüngeren Bewerber mit Plätzen am Rand begnügen müssen. Die eher unscheinbar gefärbten Weibchen haben dann die freie Auswahl unter den Verehrern, entscheiden sich jedoch in den meisten Fällen für die dominanten Tiere.

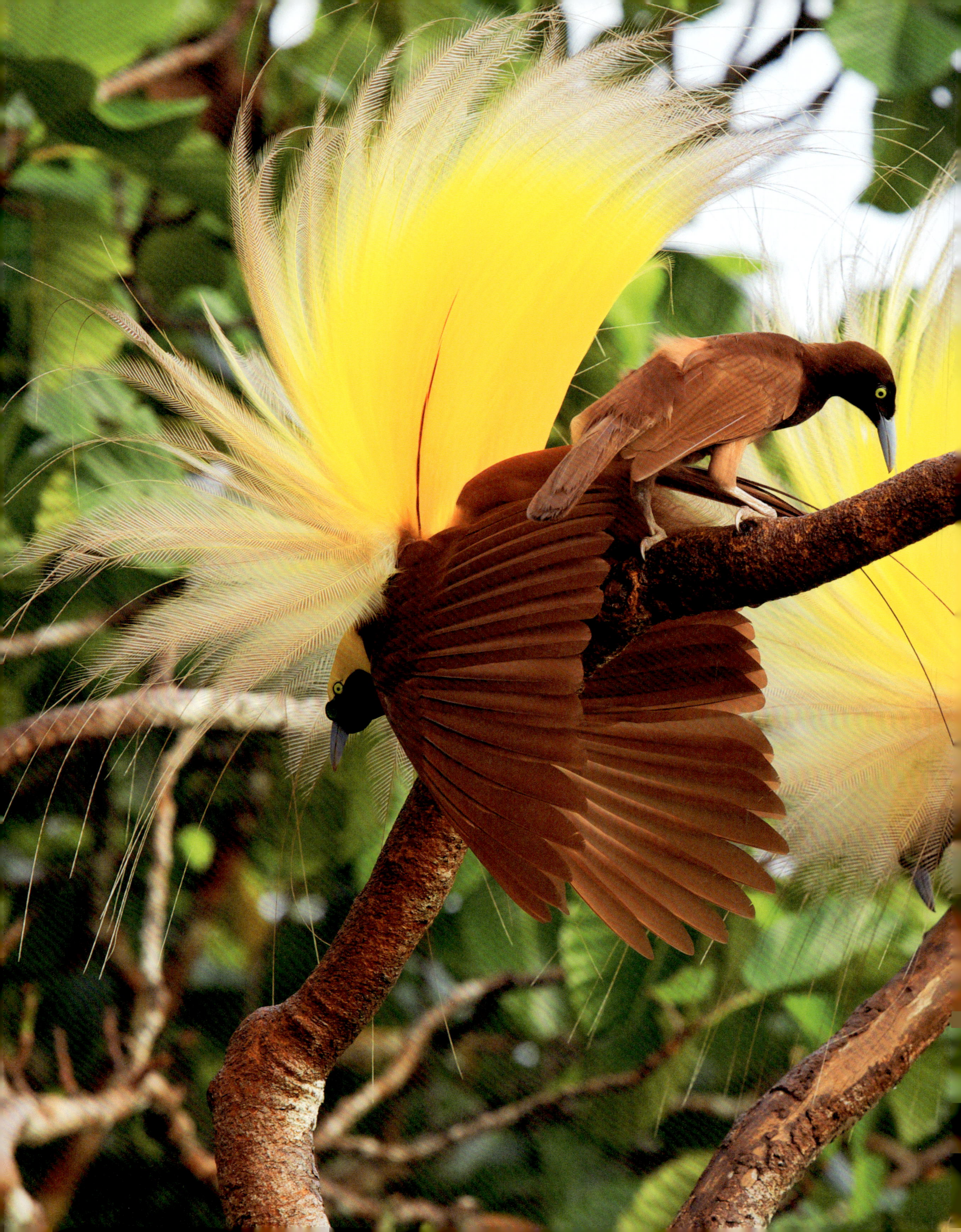

The agony of choice: A female greater bird-of-paradise observes the magnificent flank feathers of two male suitors at close range.

Die Qual der Wahl: Ein Weibchen des Großen Paradiesvogels beobachtet die prächtigen Flankenfedern zweier männlicher Bewerber aus nächster Nähe.

The feathers of the king bird-of-paradise are radiant vermilion.
The courtship behavior of the smallest bird-of-paradise includes
spreading its wings and singing.

*Die Federn des Königsparadiesvogels leuchten zinnoberrot.
Zum Balzverhalten der kleinsten Paradiesvogelart gehören
unter anderem das Ausbreiten der Flügel und Gesang.*

The parotia, a member of the bird-of-paradise family, spreads out its feathers like a skirt. Its courtship is called a ballerina dance.

Der Strahlenparadiesvogel breitet seine Federn aus wie ein Röckchen – im Englischen wird seine Balz als »ballerina dance« bezeichnet.

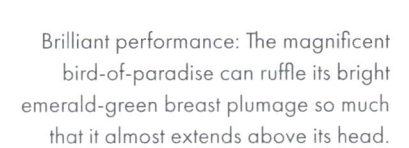

Brilliant performance: The magnificent bird-of-paradise can ruffle its bright emerald-green breast plumage so much that it almost extends above its head.

Glänzende Vorstellung: Der Sichelschwanz-Paradiesvogel kann sein leuchtend smaragdgrünes Brustgefieder so sehr aufplustern, dass es fast über seinen Kopf hinausreicht.

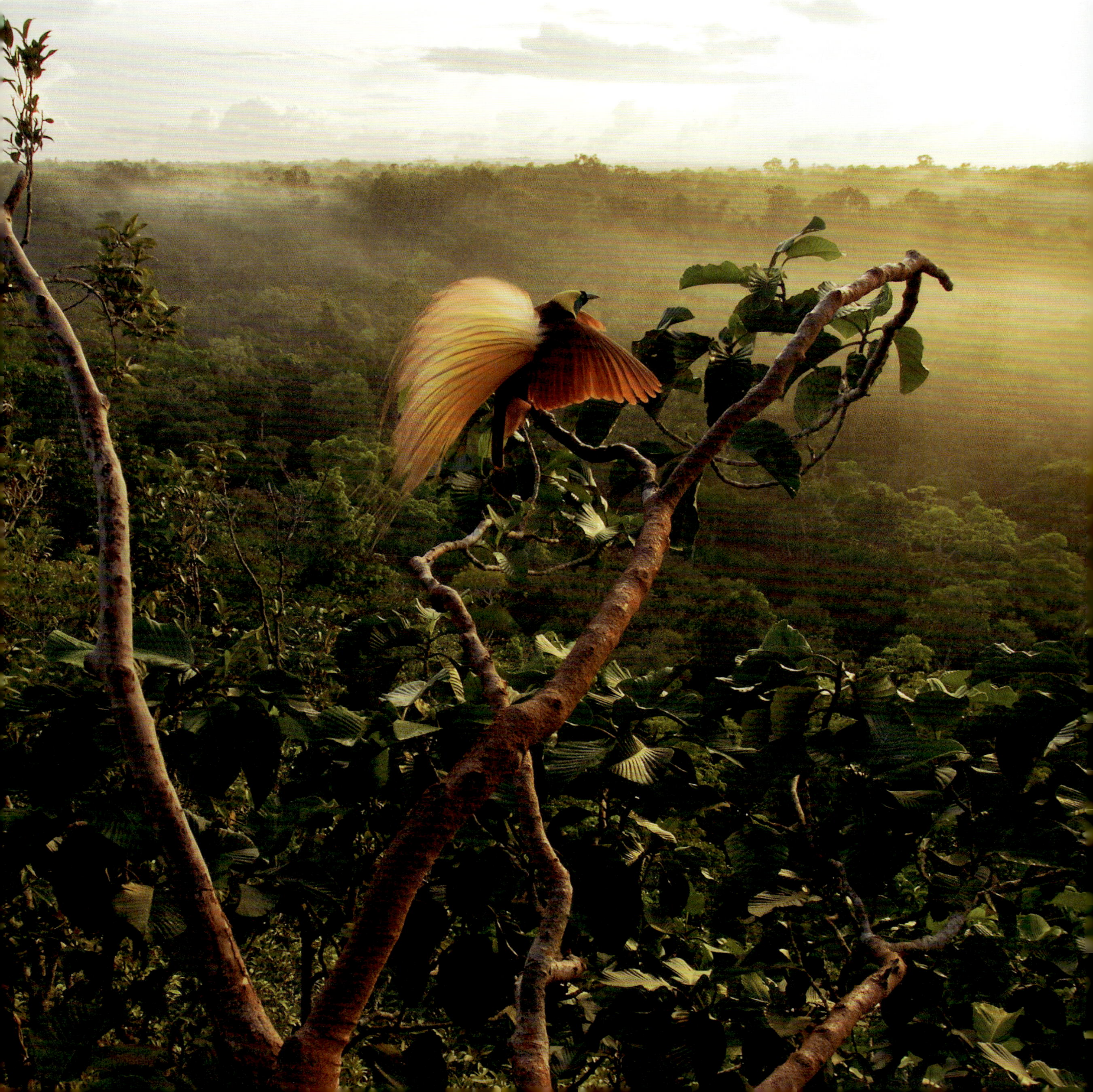

The greater birds-of-paradise seek out branches that are as horizontal as possible, high up in the tree, and surrounded by little foliage, to be able to perfectly present themselves to the female.

Die Großen Paradiesvögel suchen sich möglichst horizontale Äste weit oben im Baum und umgeben von wenig Blattwerk, um sich dem Weibchen optimal präsentieren zu können.

Femmes
FATALES

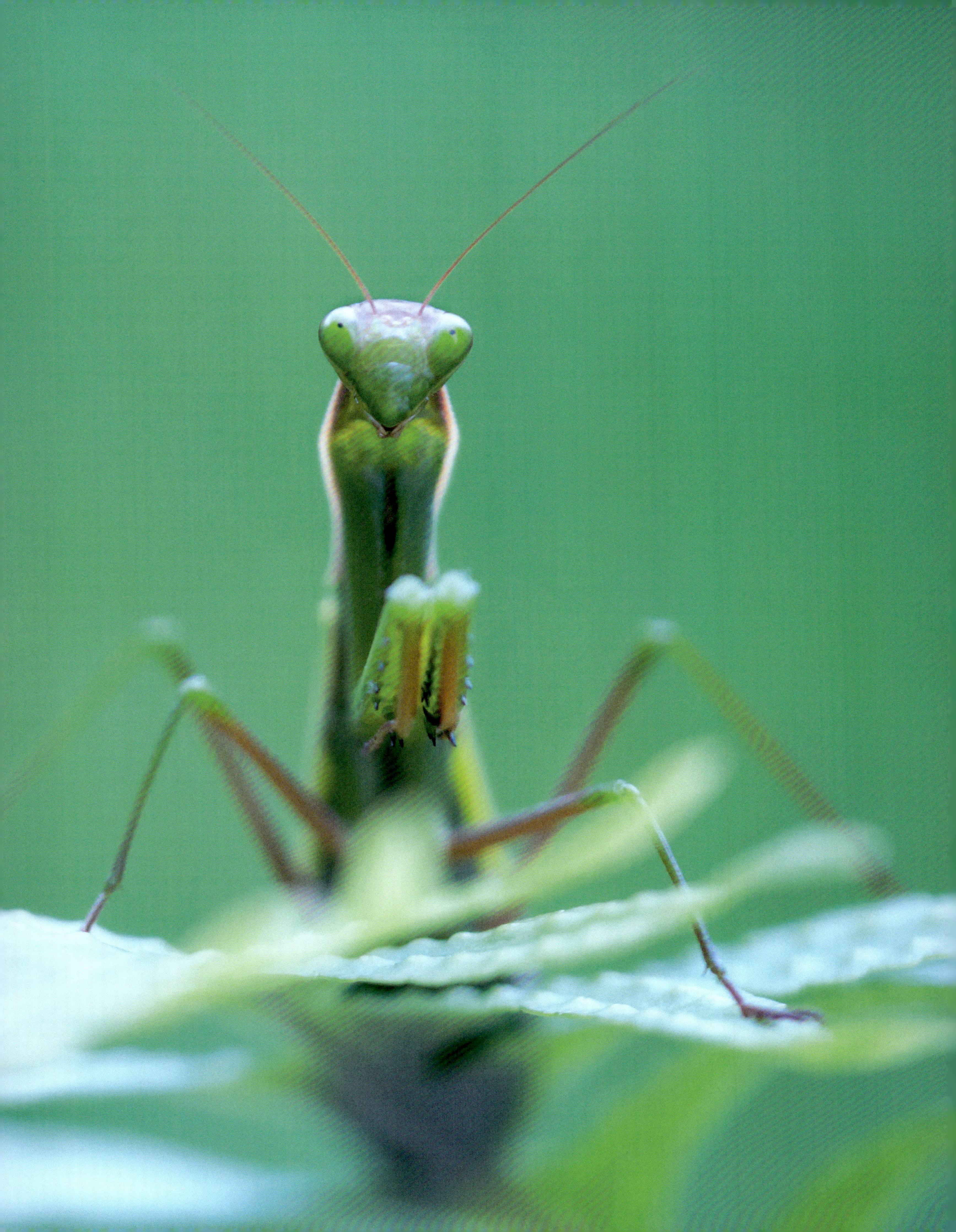

FEMMES FATALES

WHEN THE LADIES ARE *deadlier* THAN THEIR COUNTERPARTS

According to Wikipedia, the world's most extensive encyclopedia, a femme fatale is a beautiful, seductive woman who ensnares men with her charms, a villainous enchantress who often leads them into deadly traps. However, humans are not the only species with femme fatales; various animal species have them too. In the animal world, an encounter with a femme fatale can be fatal for a male.

Apparently, the males of some species are simply unable to resist the attraction of a female, and they take the deadly risk of mating with a cannibal. In the animal kingdom, some females take the cute and familiar saying "You look good enough to eat" much too literally, devouring the smaller male after or even while they mate. Scientists euphemistically refer to this behavior as sexual cannibalism. Pronounced sexual cannibalism is found above all in praying mantises and in various species of spiders, most notably the black widow, which has achieved great notoriety as a male-killing vamp. There is, of course, a reason for this: The slaughtered lover provides the female with a highly welcome nutritious snack that comes at just the right time. The extra morsel particularly benefits her future offspring, preserving the population. Laboratory research has shown that the egg sacs of spiders that had eaten their mates were significantly larger than those that had been prevented by scientists from doing so.

When it comes to sexual cannibalism, the males are sometimes not merely victims, they in fact play an active role in the events. Take Australia's red-backed spider, for example, which practices a kind of sexual cannibalism for the advanced. The male of this spider species, a close relative of the black widow, actively offers himself to the female for consumption during sexual intercourse. The male places his soft abdomen directly in front of the female's mouthparts, and naturally she cannot resist his offer. She bites him hard, beginning to eat her lover alive. The male, in turn, endures this ordeal without complaint or even attempting to escape. After all, the longer the female is occupied with her meal, the longer she is willing to put up with the rigors of successful copulation. It takes time, which allows her now badly wounded lover to release as much sperm as needed to completely fill both of the female's spermathecae, or *receptacula seminis*. This ensures that the male can successfully pass on his genes, instead of a rival who may surface as a potential lover just a short time later. The male is evidently prepared to sacrifice his own life for the sake of successfully passing on his own genes.

WENN DIE WEIBCHEN *tödlicher* SIND ALS IHRE MÄNNLICHEN ARTGENOSSEN

Folgt man Wikipedia, der umfangreichsten Enzyklopädie der Welt, dann versteht man unter einer »Femme fatale« eine besonders attraktive und verführerische Frau, die, mit magisch-dämonischen Zügen ausgestattet, Männer erotisch an sich bindet. Und sie meist auch auf »fatale« Weise ins Unglück stürzt. Femmes fatales gibt es jedoch nicht nur bei uns Menschen, sondern auch bei diversen Tierarten. Hier kann eine Begegnung mit einer Femme fatale für einen männlichen Artgenossen durchaus tödlich verlaufen.

Offensichtlich können bei einigen Spezies die Männchen der Anziehungskraft eines Weibchens einfach nicht widerstehen, und sie gehen das tödliche Risiko ein, sich mit einer tierischen Kannibalin zu paaren. Im Tierreich nehmen einige Weibchen also die bekannte Redewendung »ich habe dich zum Fressen gern« allzu wörtlich – und verzehren das kleinere Männchen nach oder sogar während der Paarung. Eine Verhaltensweise, die in der Wissenschaft etwas beschönigend als »Sexualkannibalismus« bezeichnet wird. Einen ausgeprägten Sexualkannibalismus findet man vor allem bei Gottesanbeterinnen sowie bei diversen Spinnenarten, allen voran die als männermordender Vamp zu großer Berühmtheit gelangte Schwarze Witwe. Das hat natürlich seinen Grund: Der gemeuchelte Liebhaber stellt für das Weibchen einen hochwillkommenen nährstoffreichen Extra-Snack dar. Und zwar genau zum richtigen Zeitpunkt. Der zusätzliche Happen kommt nämlich vor allem dem künftigen Nachwuchs und damit dem Erhalt der Spinnenpopulation zugute. Laboruntersuchungen konnten aufzeigen, dass die Eigelege von Spinnen, die ihr Männchen verzehrt hatten, deutlich größer waren, als solche, die von den Wissenschaftlern am Verzehr des Liebhabers gehindert worden waren.

Manchmal sind in Sachen Sexualkannibalismus die Männchen nicht nur Opfer, sondern bringen sich sogar aktiv ins Geschehen ein. So praktiziert etwa die australische Rotrückenspinne eine Art »Sexualkannibalismus für Fortgeschrittene«. Das Männchen dieser Spinnenart, übrigens eine nahe Verwandte der Schwarzen Witwe, bietet sich beim Geschlechtsverkehr dem Weibchen aktiv zum Verzehr an. Dazu platziert das Männchen beim Akt seinen weichen Hinterleib direkt vor den Mundwerkzeugen des Weibchens. Und dieses kann dem Angebot natürlich nicht widerstehen, beißt kräftig zu und beginnt damit den Liebhaber bei lebendigem Leibe zu verspeisen. Das Männchen wiederum erträgt diese Tortur klaglos – ohne auch nur den Versuch zu unternehmen, die Flucht anzutreten. Schließlich ist das Weibchen ja, je länger es mit der Mahlzeit beschäftigt ist, auch länger bereit, die Strapazen einer erfolgreichen Paarung über sich ergehen zu lassen: ein Zeitgewinn, der es wiederum dem mittlerweile arg ramponierten Liebhaber ermöglicht, so viele Spermien abzugeben, bis beide Spermienauffangbehälter des Weibchens, die sogenannten *Receptacula seminis* komplett gefüllt sind. Damit ist natürlich gewährleistet, dass das Männchen erfolgreich seine Gene weitergeben kann – und eben nicht ein schnöder Konkurrent, der möglicherweise nur wenig später als potenzieller Liebhaber auftaucht. Für diese erfolgreiche Weitergabe des eigenen Erbgutes ist das Männchen offenbar bereit, sein eigenes Leben zu opfern.

FEMMES FATALES

MAMMAL
SÄUGETIER

The utterly terrifying roar of a lion can be heard as far as five miles away.

Das überaus furchterregende Gebrüll eines Löwen ist bis zu acht Kilometer weit zu hören.

The roles are clearly distributed among lions. The males defend the pride's turf, and the females do the hunting.

Bei Löwen sind die Rollen klar verteilt: Die Männchen verteidigen das Revier, die Weibchen gehen auf die Jagd.

African lion
Panthera leo

Zebras, wildebeests, and even buffalos have much more to fear from lionesses than from the males of the species. Not only is hunting primarily a matter for the females in the pride, in most cases lionesses are also clearly better hunters than their male counterparts. Their smaller, leaner build helps make them more agile and faster. And they lack the showpiece of a male lion, his lush mane, so they blend into their surroundings more. They are better camouflaged and are able to stalk their prey more easily. Lionesses are largely successful at hunting in packs, since most of their prey is faster than they are. But despite their highly sophisticated teamwork, only one in three hunts and sometimes even only one in five end in success. The male lions usually get to eat the prey first, and only when they are full are the lionesses and their cubs allowed to eat.

Afrikanischer Löwe
Panthera leo

Zebras, Gnus und sogar Büffel müssen Löwinnen deutlich mehr fürchten als männliche Tiere. Nicht nur, dass im Löwenrudel die Jagd vorwiegend Frauensache ist, Löwinnen sind in den meisten Fällen auch eindeutig bessere Jäger als ihre männlichen Artgenossen. Ihr kleinerer, schlankerer Körperbau macht sie wendiger und schneller. Und da ihnen der ganze Stolz eines männlichen Löwen – nämlich seine üppige Mähne – fehlt, verschmelzen sie optisch leichter mit ihrer Umgebung. Sie sind also besser getarnt und können sich einfacher an ihre Beute heranpirschen. Löwinnen verzeichnen überwiegend im Rudel Jagderfolge, da die meisten ihrer Beutetiere schneller als sie selbst sind. Allerdings ist trotz ausgeklügelter Teamarbeit nur jede dritte, manchmal sogar nur jede fünfte Jagd von Erfolg gekrönt. Vorrang beim Verzehr der Beute haben dann allerdings in der Regel die Löwenmännchen, erst wenn diese satt sind, dürfen die Löwinnen und der Nachwuchs fressen.

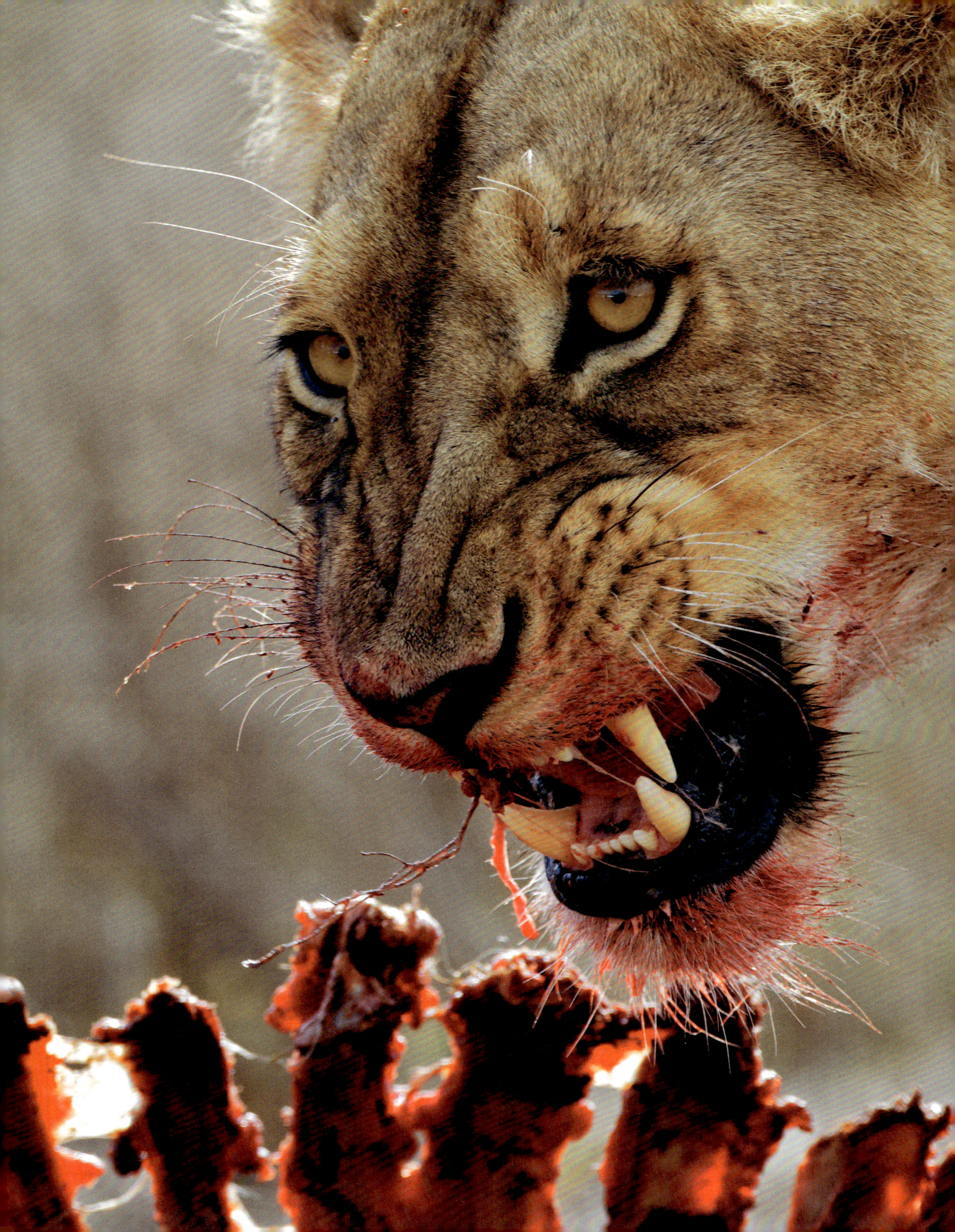

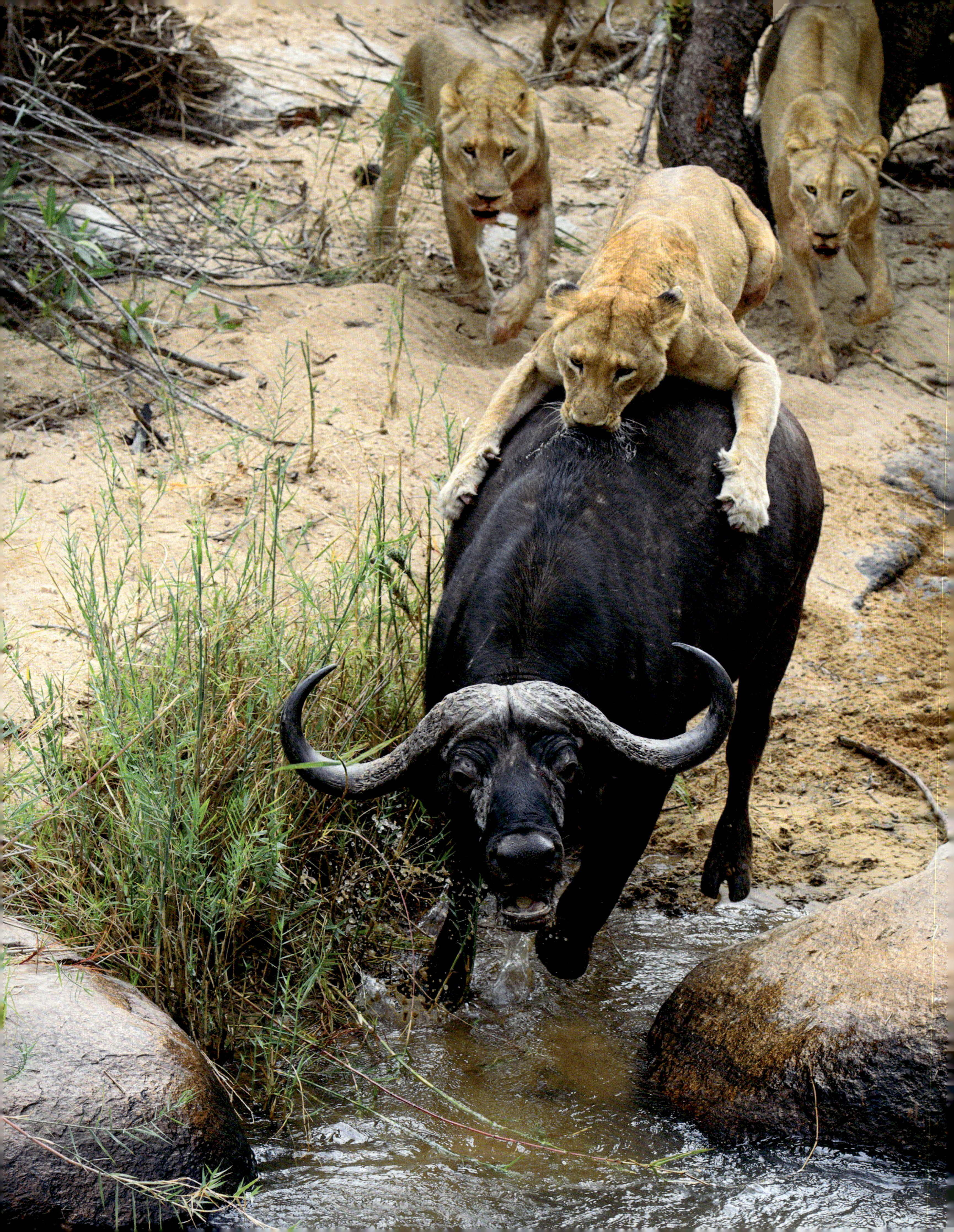

A pack of lionesses trying to subdue a much larger and heavier African buffalo.

Ein Löwinnenrudel beim Versuch, einen deutlich größeren und schwereren Afrikanischen Büffel zu überwältigen.

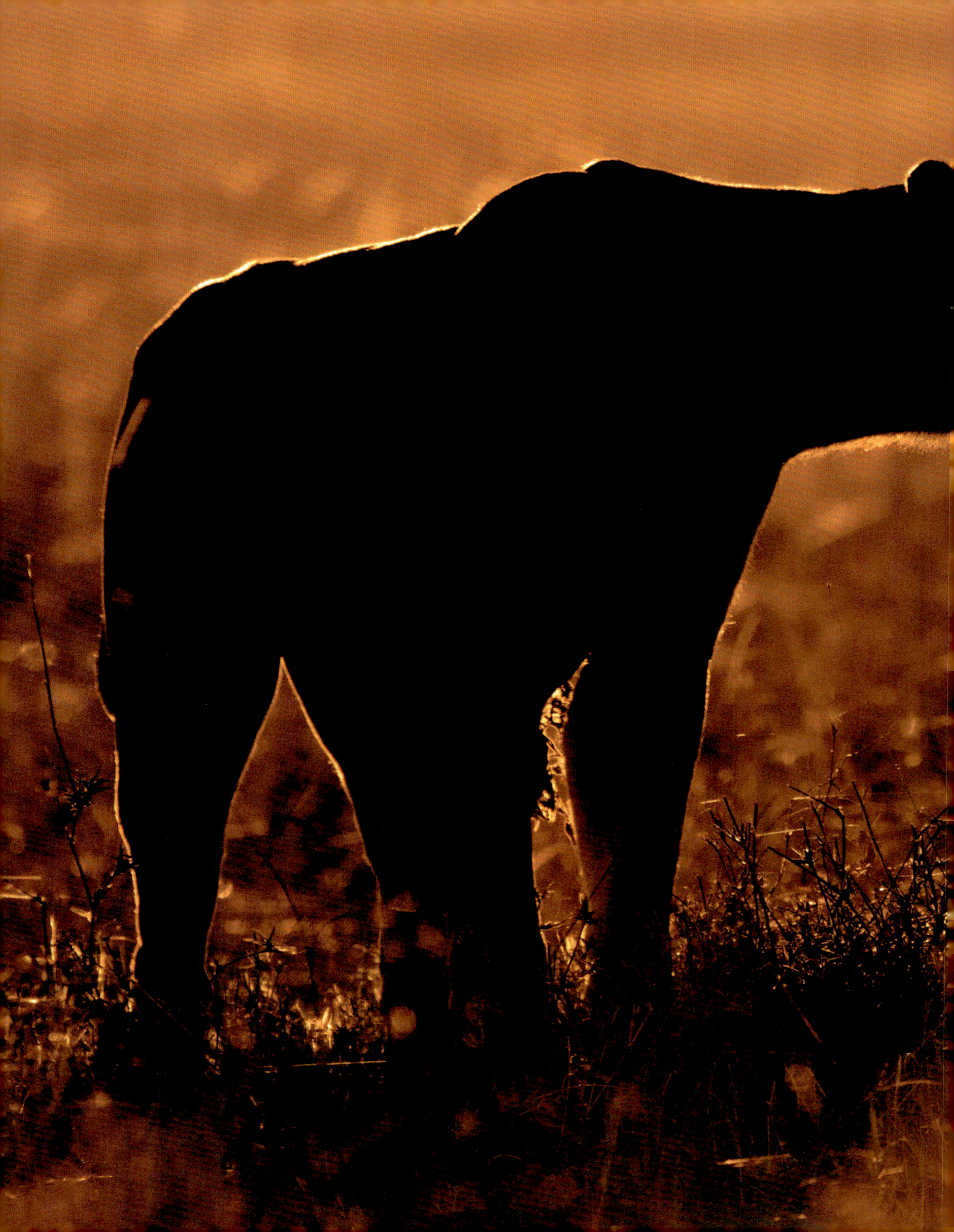

Lions are the only big cats that live together in groups and not as solitary individuals.

Löwen sind die einzigen Großkatzen, die nicht als Einzelgänger, sondern in Gruppen zusammenleben.

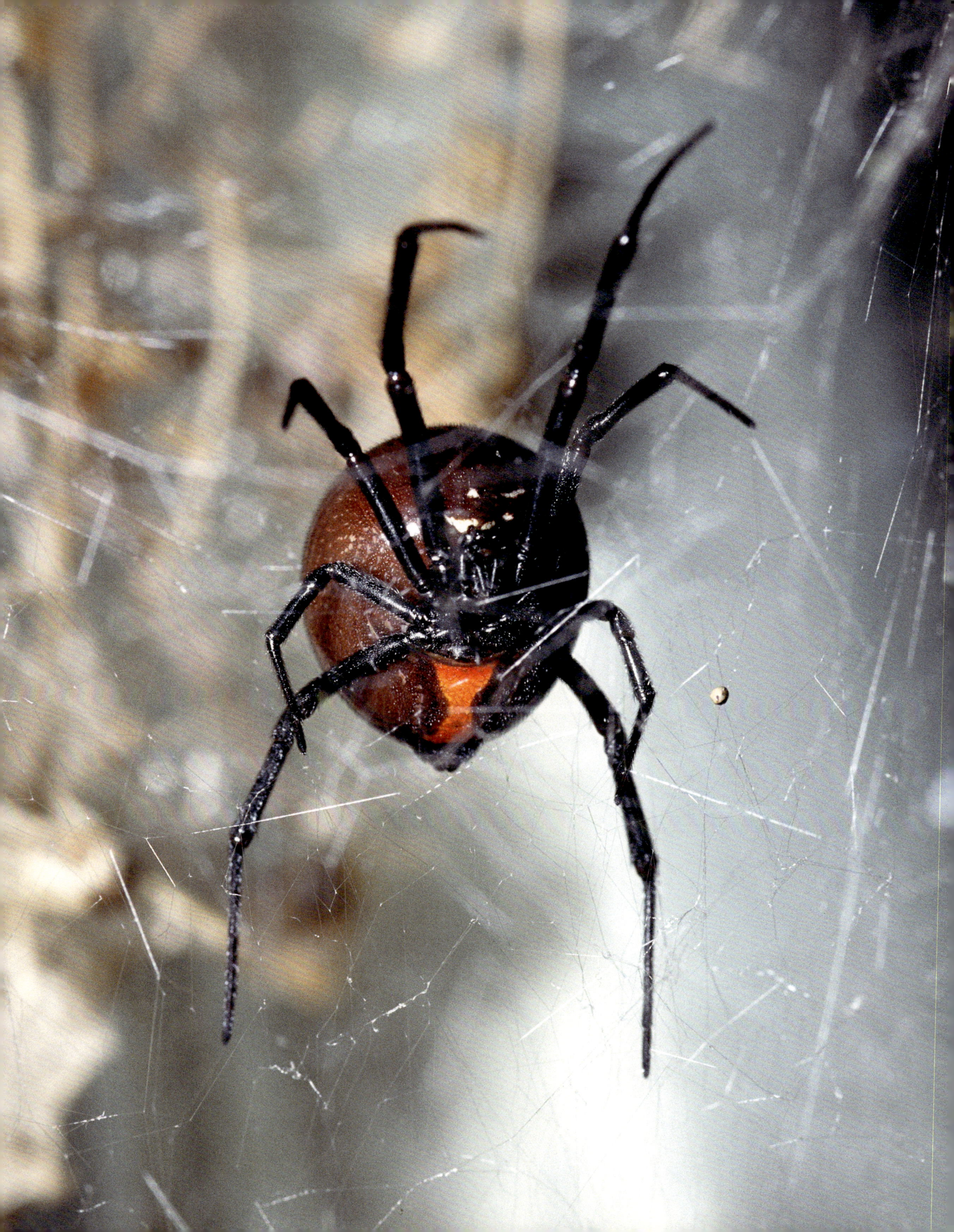

FEMMES FATALES

ARACHNIDA
SPINNENTIER

The venomous bite of a black widow is extremely painful, but rarely fatal to humans.

Der Giftbiss einer Schwarzen Witwe ist äußerst schmerzhaft, aber nur in den seltensten Fällen für Menschen tödlich.

Black widows are among the most venomous spiders in the world. It's reassuring to know, however, that they are not aggressive. They will defend themselves if they feel threatened.

Schwarze Witwen gehören zu den giftigsten Spinnen der Welt. Beruhigend zu wissen: Aggressiv sind sie nicht, sie verteidigen sich jedoch, wenn sie sich bedroht fühlen.

Southern black widow

Latrodectus mactans

The term black widow is already familiar as slang for a woman who murders her husband. Indeed, there is a certain risk of the male ending up on the menu for the significantly larger female after intercourse—but truth be told, this has only been observed in captive, not wild spiders. Sex between these male and female spiders begins in a literally captivating way, as the male wraps a few strands of silk thread around the female's legs and then inserts his sperm into her reproductive orifice. This immobilization is really just symbolic, because immediately after completing the act of sex, the female frees herself from the threads and, in some rare cases, directly devours her mate. In doing so, she makes herself a widow, hence the name black widow. Coincidentally, even the newly hatched young spiders exhibit cannibalistic behavior from time to time by eating their siblings.

Südliche Schwarze Witwe

Latrodectus mactans

Der Begriff »Schwarze Witwe« ist ja umgangssprachlich bereits zu einem Synonym für den Gattenmord geworden. Und in der Tat muss ein Männchen dieser Spinnenart damit rechnen, die Paarung mit dem deutlich größeren Weibchen nicht zu überleben. Nach dem Akt steht der Liebhaber nämlich auch schon mal auf dem Speiseplan des Weibchens. Dabei fängt der Sex zwischen Spinnenmann und Spinnenfrau im wahrsten Sinne des Wortes fesselnd an: Das Männchen umschlingt die Beine des Weibchens mit einigen Spinnfäden und führt anschließend seinen Samen in die Geschlechtsöffnung des Weibchens ein. Eine eher symbolische Fixierung, denn unmittelbar nach dem Akt befreit sich das Weibchen aus den Fäden und verzehrt in einigen Fällen gleich darauf seinen Partner. Es macht sich also selbst zur Witwe, daher wohl auch die Bezeichnung Schwarze Witwe. Übrigens: Auch die frisch aus den Eiern geschlüpften Jungspinnen verhalten sich ab und an kannibalistisch und fressen ihre Geschwister.

The body of a black widow female measures up to half an inch in length. Not quite enormous, but still twice as big as the male.

Bis zu 15 Millimeter ist der Körper eines Schwarze-Witwe-Weibchens lang. Nicht viel, aber immerhin doppelt so groß wie das Männchen.

FEMMES FATALES

CEPHALOPOD
KOPFFÜSSER

Octopuses are considered the Einsteins among invertebrates. They have a good memory and remarkable orientation skills, plus they are able to solve puzzles and find their way through a maze.

Kraken gelten als die Einsteins unter den wirbellosen Tieren. Sie besitzen ein gutes Gedächtnis, ein beachtliches Orientierungsvermögen, können Rätsel lösen und finden sich in einem Labyrinth zurecht.

The big blue octopus grows up to four feet long and can be found in almost all tropical oceans. Its colorful markings help it blend right in with its hunting grounds on the bottom of the ocean.

Der Große Blaue Krake wird bis zu 1,20 Meter lang und kommt in fast allen tropischen Meeren vor. Die bunte Zeichnung lässt ihn optisch mit seinem Jagdrevier am Meeresboden verschmelzen.

Big blue octopus
Octopus cyanea

Male octopuses have just one big problem: female octopuses. You see, the act of mating is a matter of life and death for these cephalopods. After or even during reproduction, a male octopus is always in danger of being gobbled up by the usually much larger female. The female octopus uses a technique that is actually considered the domain of large constrictors like pythons: death by strangulation. On several occasions, female octopuses have been observed wrapping one or two of their muscular arms around the unlucky male after sex and squeezing him until he eventually dies. The female then tends to drag the corpse of her one-time lover back to her den, where she proceeds to devour him at her leisure. On the plus side, the male usually does manage to fertilize some of the female's eggs before his violent death, thereby achieving what really matters in the animal kingdom: passing on his genes.

Großer Blauer Krake
Octopus cyanea

Männliche Kraken haben ein großes Problem: weibliche Kraken. Der Paarungsakt ist bei diesen Kopffüßern nämlich eine Sache von Leben und Tod. Ein männlicher Krake läuft nach oder sogar während der Fortpflanzung stets Gefahr, vom in der Regel deutlich größeren Weibchen verspeist zu werden. Dabei wenden die Krakenweibchen eine Technik an, die eigentlich als Domäne großer Würgeschlangen wie etwa Pythons gilt: Tod durch Erwürgen. Bei Kraken wurde mehrfach beobachtet, dass das Weibchen nach dem Geschlechtsakt einen oder gleich zwei seiner muskulösen Arme um das bedauernswerte Männchen schlingt und solange zudrückt, bis es stirbt. Der Leichnam des einstigen Liebhabers wird dann oftmals vom Weibchen in die Wohnhöhle geschleppt und anschließend in aller Ruhe verzehrt. Allerdings gelingt es den Männchen meist noch vor ihrem gewaltsamen Tod einige Eier des Weibchens zu befruchten und damit zu erreichen, worauf es im Tierreich wirklich ankommt: die Weitergabe des eigenen Erbgutes.

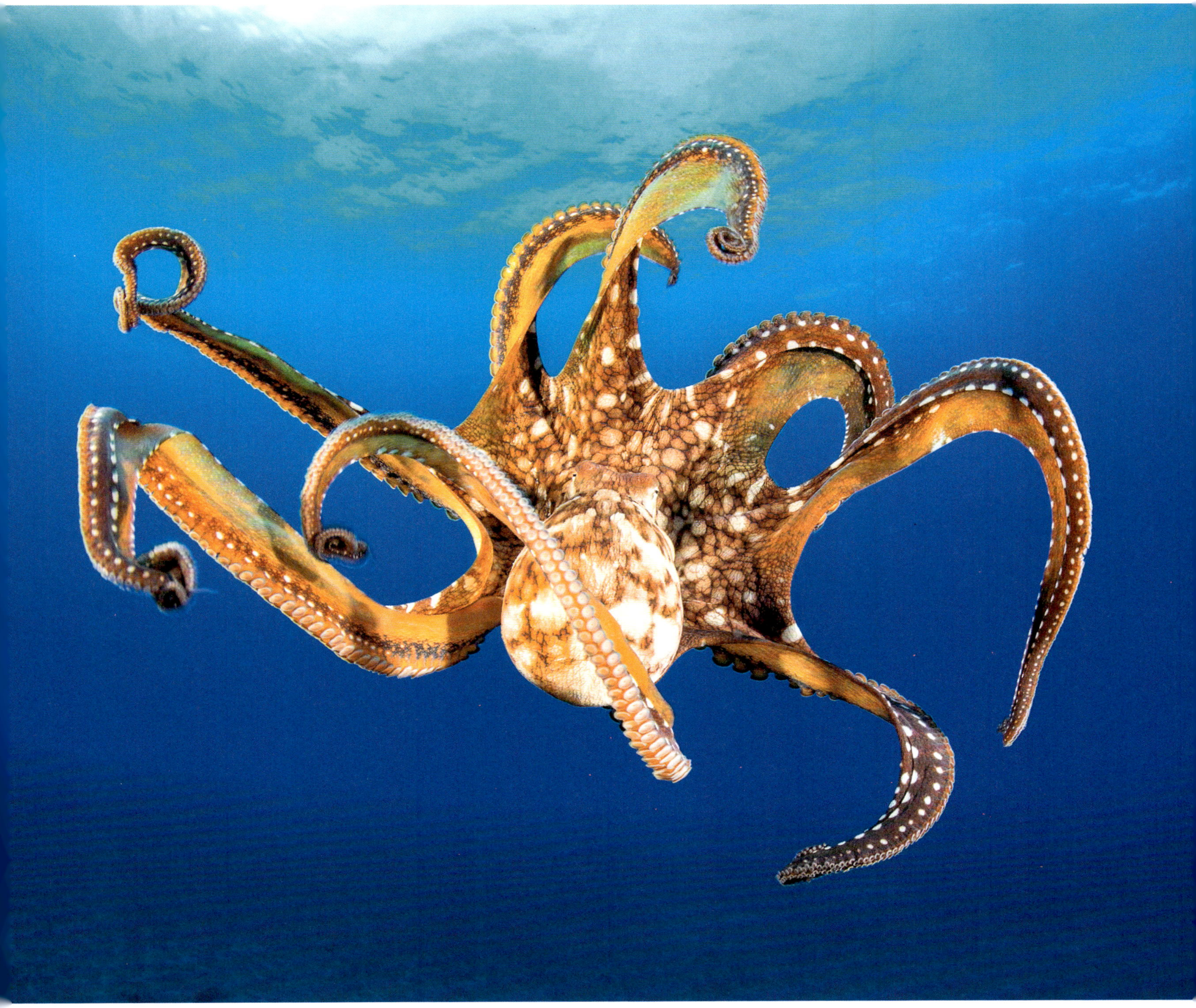

Unlike most other octopuses, big blue octopuses are predominantly diurnal, or active during the day.

Im Gegensatz zu den meisten anderen Tintenfischen sind Große Blaue Kraken überwiegend tagaktiv.

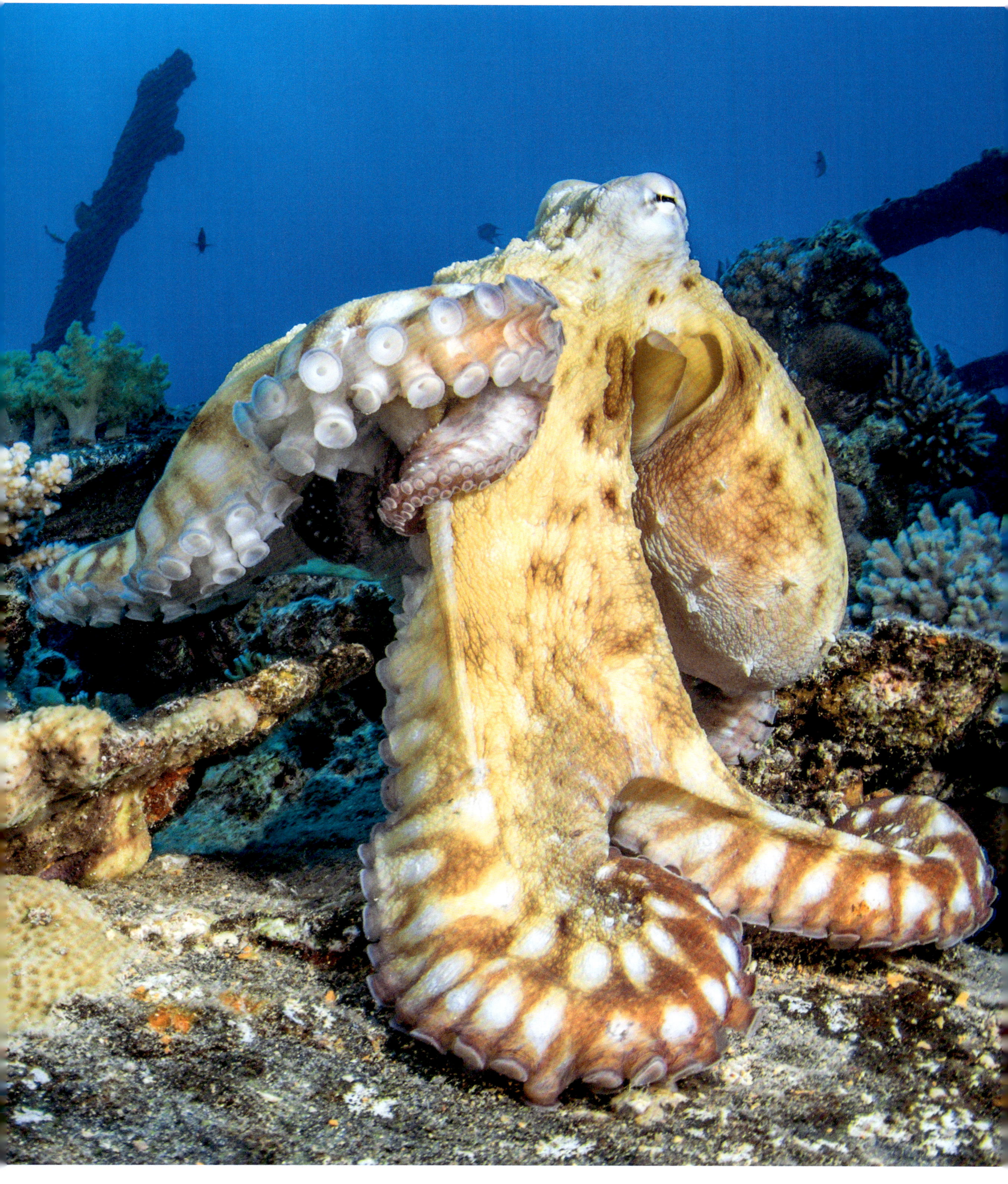

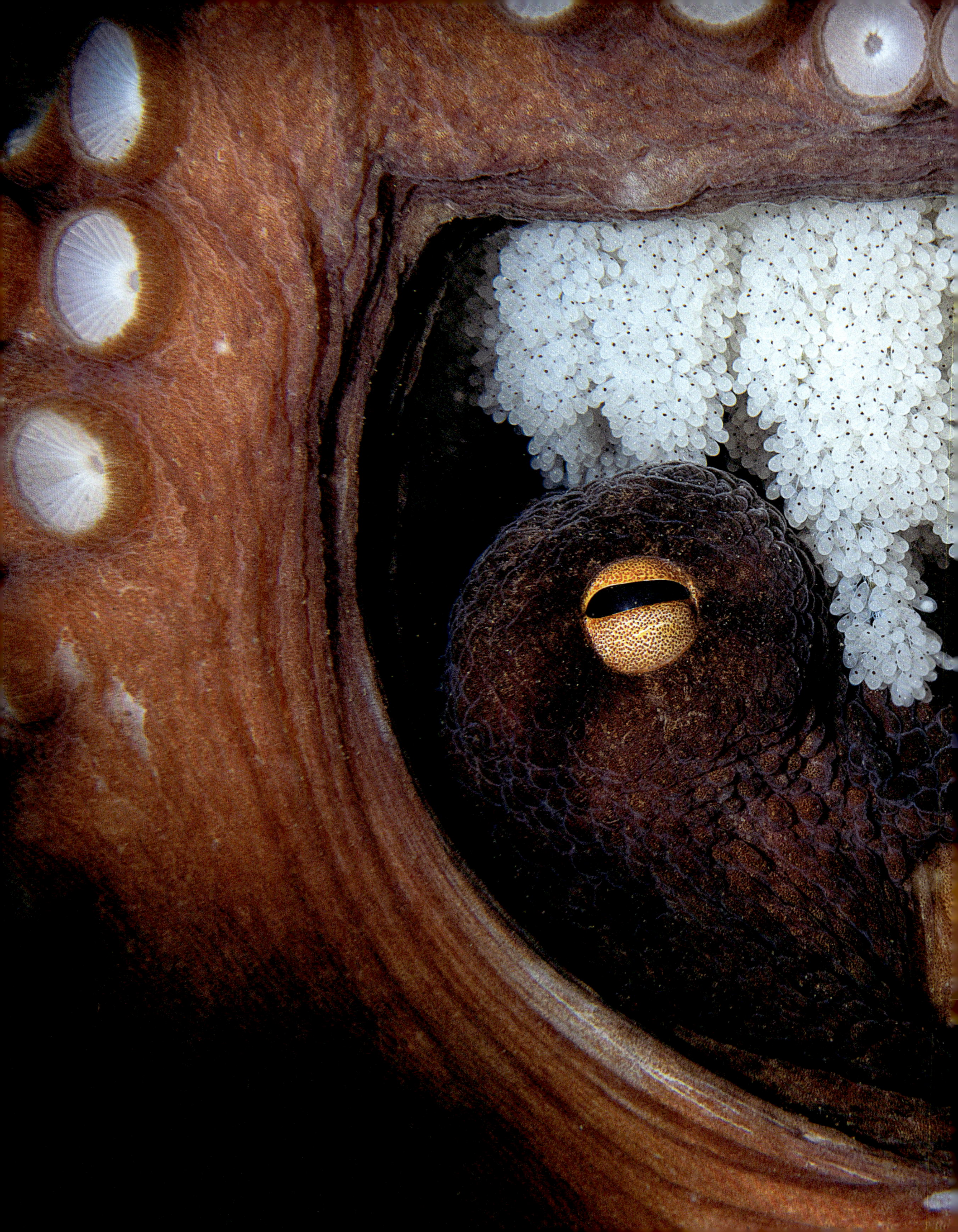

A female big blue octopus with her eggs in the den. The female dies shortly after her young have hatched.

Ein Weibchen der Art Großer Blauer Krake zusammen mit seinen Eiern in der Wohnhöhle. Das Weibchen stirbt, kurz nachdem die Jungtiere geschlüpft sind.

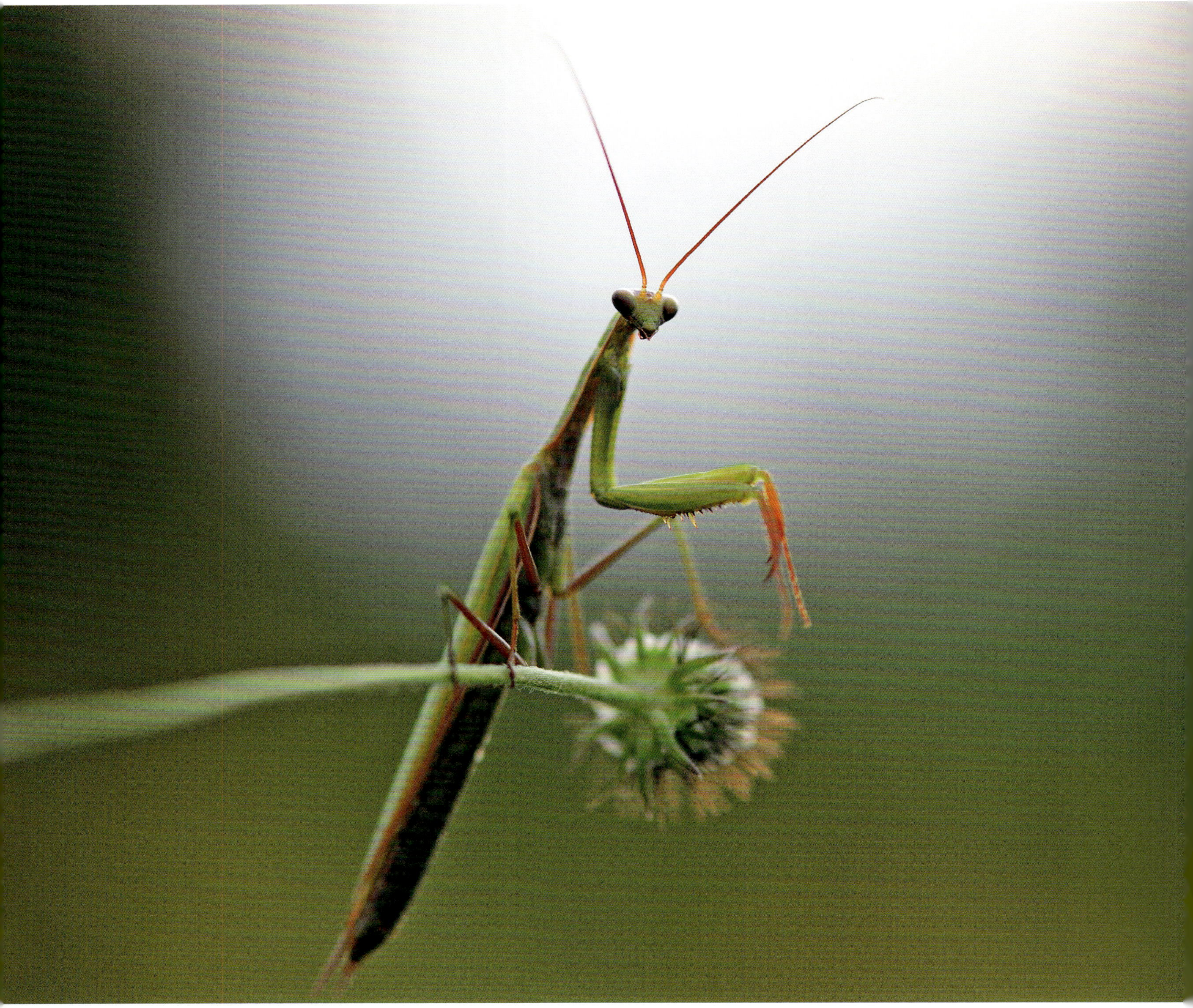

FEMMES FATALES

INSECT
INSEKT

The praying mantis owes its name to its raptorial forelegs, bent as if folded in prayer when lying in wait.

Die Gottesanbeterin verdankt ihren Namen ihren Fangbeinen, die in Lauerstellung so angewinkelt sind, als wären sie zum Gebet gefaltet.

Praying mantises are among the ambush predators that often lie motionless for hours, waiting for their prey.

Gottesanbeterinnen sind sogenannte Ansitzjäger, die oft stundenlang regungslos auf ihre Beute lauern.

European mantis
Mantis religiosa

Male praying mantises live extremely precarious lives. After all, performing the very act of sex with a female may prove fatal to them. Female praying mantises tend to view their smaller counterparts as a protein-rich snack after mating. Some lucky observers may even see a male having his head bitten off while he and his mate are still having intercourse. Amazingly, though, headless males continue to mate, because the nerve centers responsible for controlling copulatory movements are located in the male's abdomen. Evidently, in the kingdom of the praying mantis, even the headless can become fathers. It is clear that this behavior is not arbitrary. The female insects benefit from consuming their lovers. This high-quality nutritious snack at the best possible moment enables the females to lay more eggs than a female of the same species who forgoes the after-sex dinner. Well-fed praying mantises, incidentally, usually refrain from eating their partners.

Gottesanbeterin
Mantis religiosa

Männliche Gottesanbeterinnen leben äußerst gefährlich. Schließlich kann der Akt mit einem Weibchen tödlich für sie enden. Weibliche Gottesanbeterinnen neigen dazu, ihre kleineren Artgenossen nach der Paarung als Proteinsnack zu betrachten. Manchmal lässt sich sogar beobachten, dass einem Männchen noch während des Verkehrs der Kopf abgebissen wird. Erstaunlicherweise wird die Paarung jedoch von den kopflosen Männchen weiter vollzogen, da sich die Nervenzentren, die für die Steuerung der Kopulationsbewegungen verantwortlich sind, im Hinterleib des Männchens befinden. Offensichtlich kann man im Reich der Gottesanbeterinnen auch ohne Kopf Vater werden. Dass dieses Verhalten nicht willkürlich ist, sondern die weiblichen Insekten vom Verzehr ihres Liebhabers profitieren, ist klar: Der hochwertige Nährstoffcocktail zum bestmöglichen Zeitpunkt ermöglicht es ihnen, mehr Eier zu legen als eine Artgenossin, die auf das »After-Sex-Dinner« verzichtet. Wohlgesättigte Gottesanbeterinnen verzichten übrigens meist auf den Verzehr ihres Partners.

A daring act, not only because they are hanging upside down. When breeding, the male climbs onto the back of the much larger female. Whether or not he will live to see another day is not yet clear at this point.

Ein gewagter Akt, nicht nur, weil sie kopfüber hängen: Bei der Fortpflanzung steigt das Männchen auf den Rücken des deutlich größeren Weibchens. Ob es überleben wird, ist hier noch offen.

A protein snack at the right time: A praying mantis devours her mate immediately after mating.

Proteinsnack zur rechten Zeit: Eine Gottesanbeterin verzehrt ihr Männchen unmittelbar nach der Fortpflanzung.

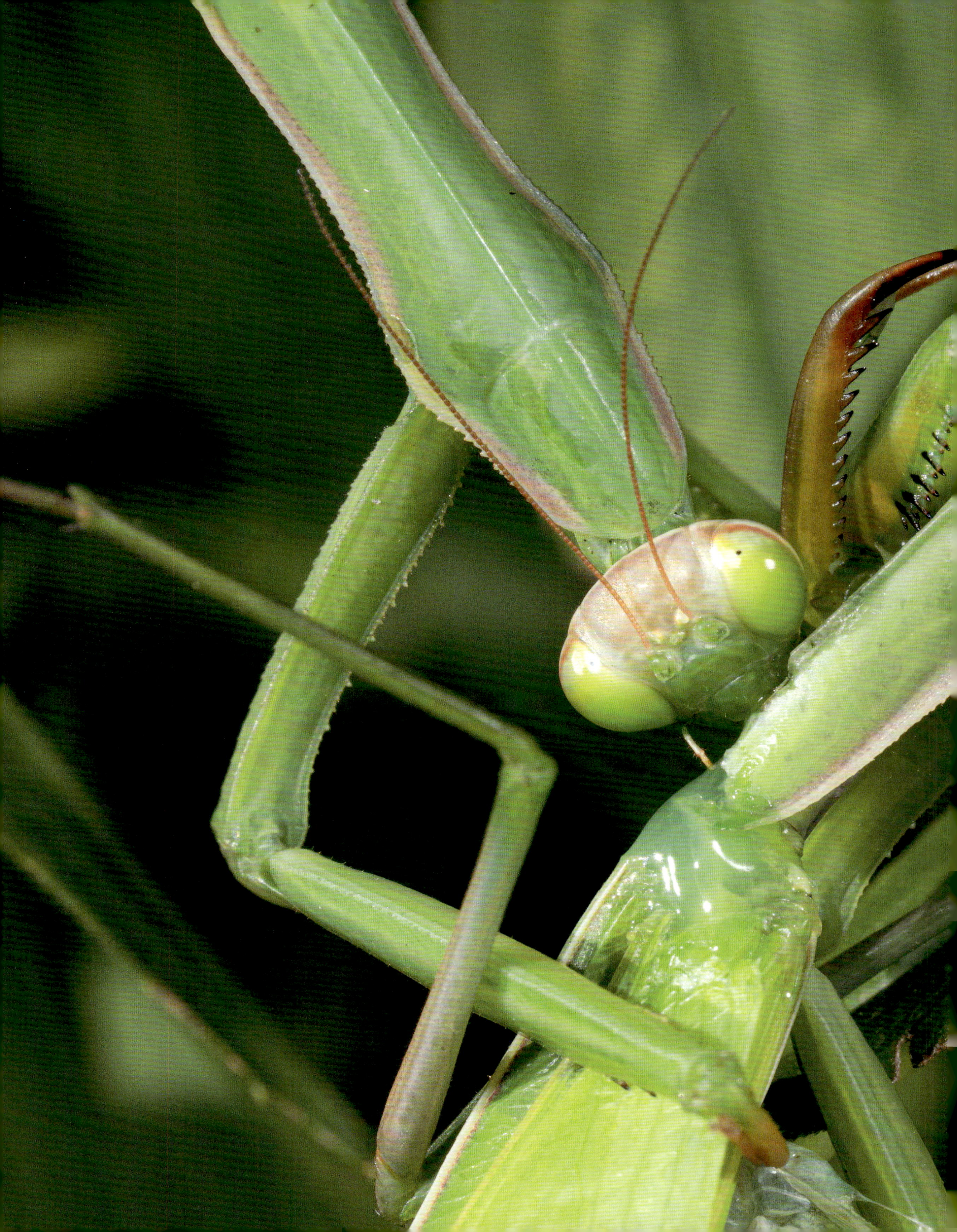

A ruthless fight for resources: A pregnant female praying mantis attacking another pregnant female.

Um Ressourcen wird gnadenlos gekämpft: Ein schwangeres Gottesanbeterinnenweibchen attackiert ein anderes schwangeres Weibchen.

FEMMES FATALES

FISH
FISCH

Female deep-sea anglerfishes have a luminous organ on their forehead, attached to a kind of spine, and used to lure prey.

Weibliche Tiefseeanglerfische besitzen an ihrer Stirn ein an einer Art Rute sitzendes Leuchtorgan, das dazu dient, Beutetiere anzulocken.

A huge mouth, sharp teeth—the female deep-sea anglerfish looks like something out of a horror movie. Relatively little research has been done on these extraordinary creatures.

Riesiges Maul, scharfe Zähne – der weibliche Tiefseeanglerfisch wirkt wie eine Kreatur aus einem Horrorfilm. Die außergewöhnlichen Tiere sind noch relativ wenig erforscht.

Illuminated netdevil
Linophryne arborifera

Depending on the species, female deep-sea anglerfishes can be up to 60 times larger than their male counterparts. This makes the reproductive act of these two vastly disparate partners extremely interesting. Once one of these little males has used his highly developed sense of smell to locate a female in the ocean depths, the first thing he does is latch onto his partner's sexual orifice with his sharp teeth. Over time, the male's organ systems deteriorate, and the skin and blood vessels of the unlikely pair fuse together. Now the miniature fellow is actually attached to the giant female, who supplies him with nutrients via his bloodstream.
The only purpose of the male, who has now been completely reduced to a pair of gigantic testicles, is to provide offspring as a permanently attached sperm donor. In the majority of deep-sea anglerfishes only one dwarf male fuses with the female; in others there is a tendency to have many males. The record is eight little males fused to a single female.

Teufelsanglerfisch
Linophryne arborifera

Bei den Tiefseeanglerfischen sind die Weibchen – je nach Art – bis zu 60-mal größer als ihre Männchen. Eine Tatsache, die den Fortpflanzungsakt der beiden so unterschiedlichen Partner äußerst interessant gestaltet: Hat eines dieser Miniaturmännchen in den Tiefen der Ozeane dank seines gut ausgebildeten Geruchssinns erst einmal ein Weibchen gefunden, beißt es sich zunächst mit seinen scharfen Zähnen an der Geschlechtsöffnung der Partnerin fest. Mit der Zeit bilden sich dann die Organsysteme des Männchens zurück, und Haut und Blutgefäße des ungleichen Paares verwachsen miteinander. Der Minimann hängt jetzt regelrecht am Tropf des Gigantenweibchens, das ihn in der Folge mithilfe seines Blutkreislaufs mit Nährstoffen versorgt.
Der einzige Daseinszweck des bis auf ein paar gigantische Hoden völlig reduzierten Männchens ist es jetzt, als festgewachsener Samenspender für Nachwuchs zu sorgen. Bei den meisten Tiefseeanglerfischen verwächst lediglich ein Zwergmännchen mit dem Weibchen, bei anderen gibt es eine Tendenz zur Vielmännerei. Der Rekord liegt hier bei acht Minimännern, die mit einem einzigen Weibchen verschmolzen waren.

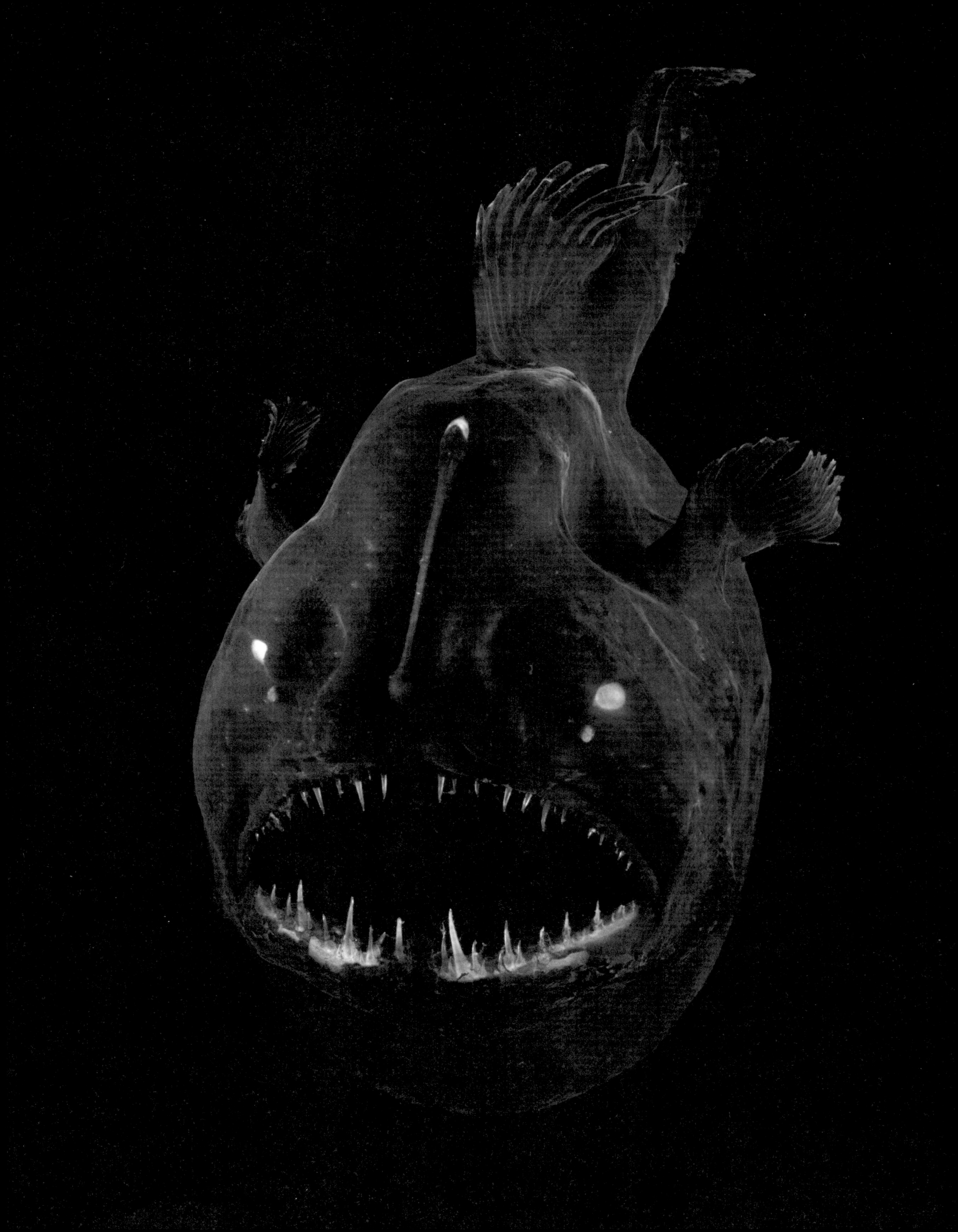

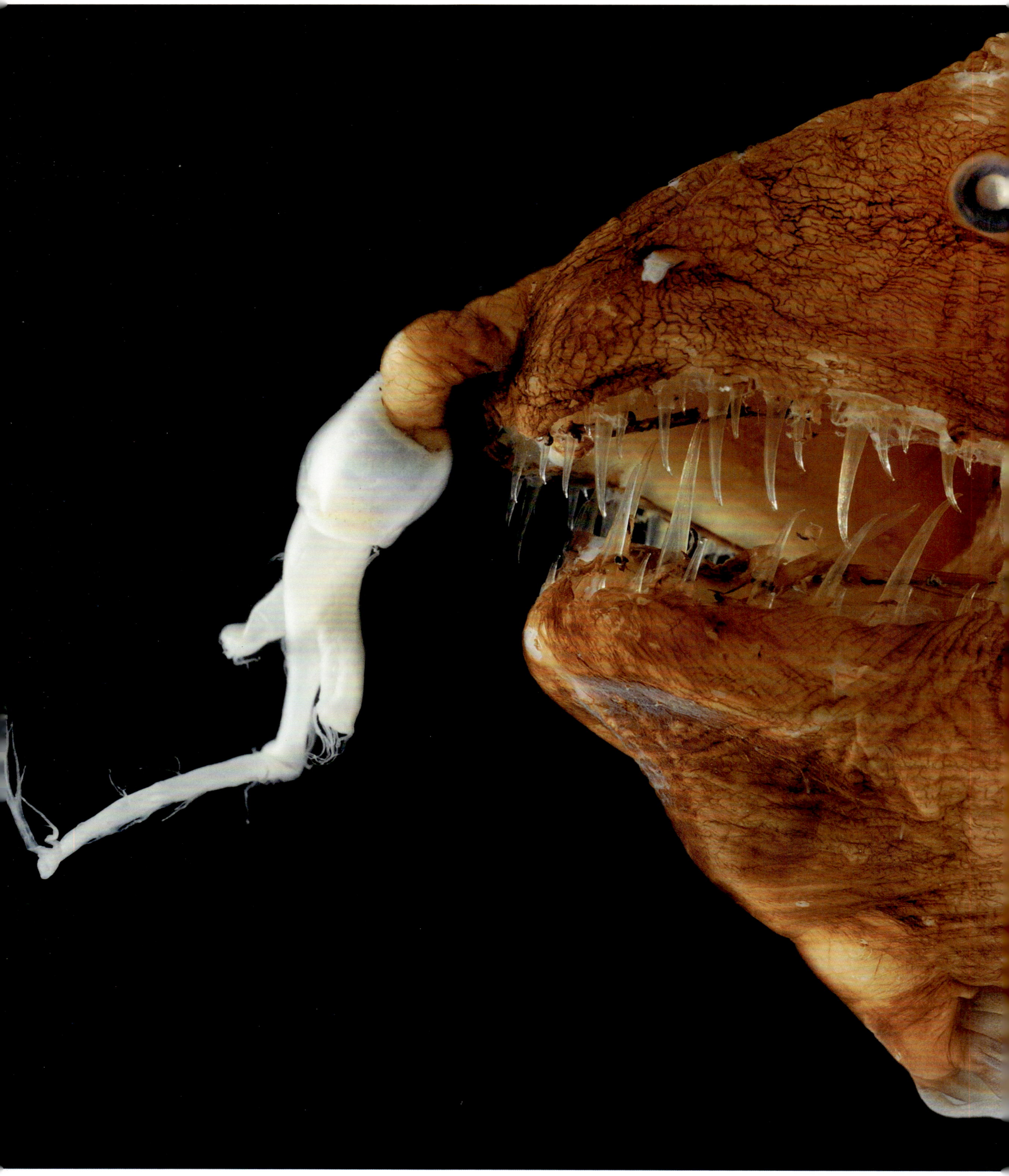

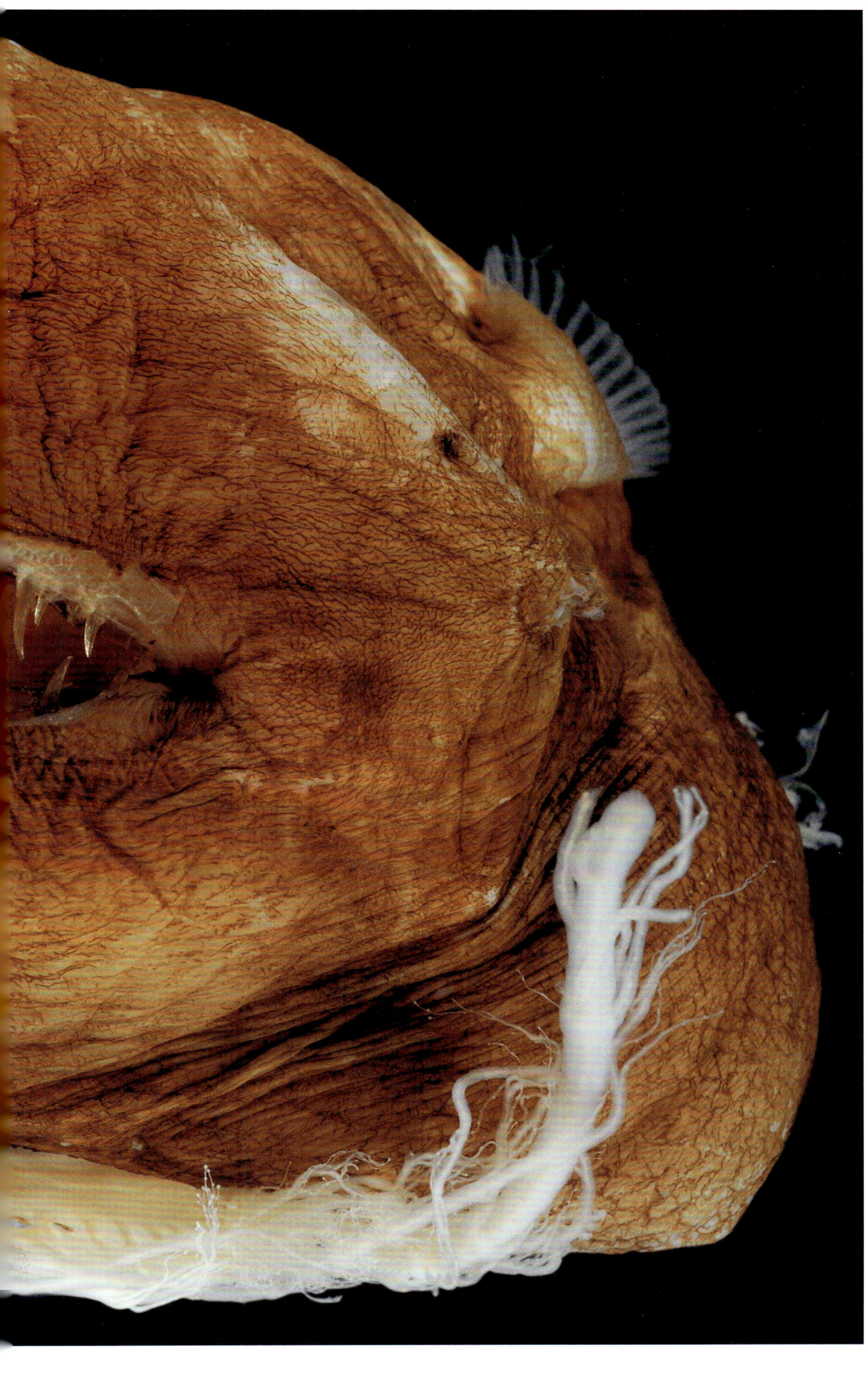

Anyone who dares to venture down to depths of 6,200 feet may encounter such characters in the Atlantic Ocean: a female deep-sea anglerfish of the species *Linophryne arborifera*.

Wer sich bis in 1900 Meter Tiefe vorwagt, kann im atlantischen Ozean solchen Charakteren begegnen: weiblicher Tiefseeanglerfisch der Art Linophryne arborifera.

A tiny deep-sea anglerfish male of the species *Linophryne arborifera* that has latched onto the skin of the much larger female with his teeth.

Winziges Tiefseeanglerfischmännchen der Art Linophryne arborifera, das sich an der Haut seines viel größeren Weibchens festgebissen hat.

Caulophryne jordani, a deep-sea anglerfish of the fanfin species that can be found in the Atlantic Ocean at depths of 2,300 to 9,800 feet

Caulophryne jordani, ein Tiefseeanglerfisch aus der Familie der Fächerflosser, der im Atlantischen Ozean in Tiefen von 700 bis 3000 Metern vorkommt.

Note the fishing line complete with lure on the forehead that this female uses to attract her prey. These fish cannot see very well, but they can sense even the slightest movements in the water.

Man beachte die Angel samt Köder an der Stirn, mit der dieses Weibchen Beutetiere anlockt. Sehen können die Fische nicht sehr gut, aber sie erspüren auch kleinste Bewegungen im Wasser.

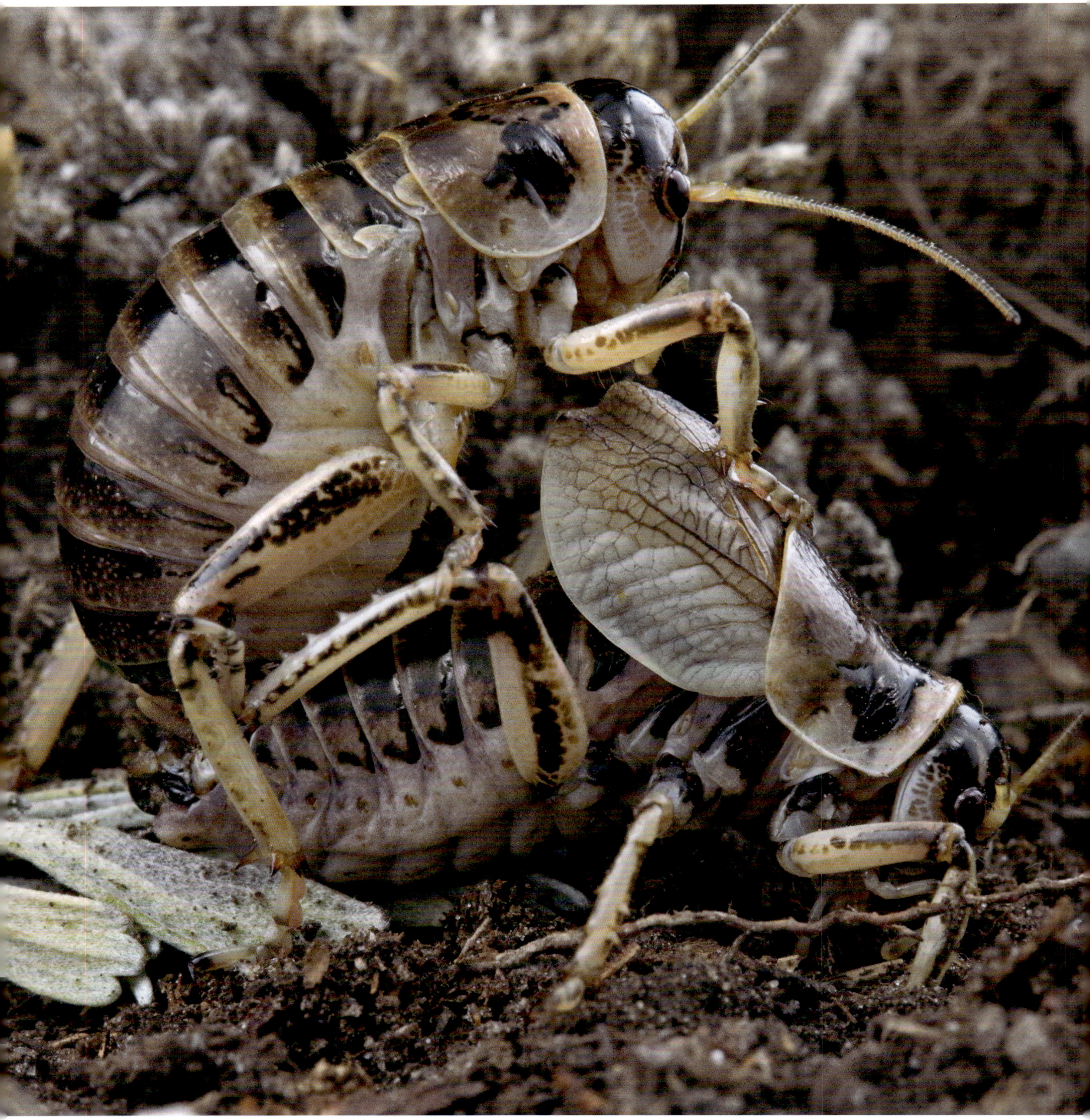

FEMMES FATALES

INSECT
INSEKT

The females of this cricket species are actual tiny little vampires.

Bei den Weibchen dieser Grillenart handelt es sich um echte »Minivampire«.

The light version of sexual cannibalism: A female sagebrush cricket nibbles on her lover's wings and sips his blood.

»Sexualkannibalismus light«, Weibliche Beifuß-Grille knabbert an den Flügeln ihres Liebhabers und trinkt sein Blut.

Sagebrush cricket
Cyphoderris strepitans

Sometimes females in the animal kingdom specifically target the blood of their mates. For example, members of the North American cricket species with the scientific name *Cyphoderris strepitans* abstain from completely consuming the male during mating, unlike praying mantises. Instead, they practice a kind of light version of sexual cannibalism. The males of this cricket species have to use their own blood to pay for the desire to pass on their genes. During copulation, they allow their lady loves to nibble on their wings, which contain blood vessels. With this unique nuptial gift, they virtually ensure the females' patience, allowing them to feast on their blood for as long as they remain still during mating. The price the males pay for this is steep. The mutilated creatures are scarred for life and remain weakened by the massive loss of blood, which can amount to as much as ten percent of their body weight. When it comes to mating again, this puts them at a distinct disadvantage compared to other males who have not yet been sexually active.

Beifuß-Grille
Cyphoderris strepitans

Manchmal haben es Weibchen im Tierreich ganz gezielt auf das Blut ihrer Partner abgesehen. So verzichten etwa Vertreterinnen der nordamerikanischen Grillenart mit dem wissenschaftlichen Namen *Cyphoderris strepitans* – anders, als dies bei Gottesanbeterinnen der Fall ist – darauf, bei der Paarung das Männchen komplett zu verzehren. Stattdessen praktizieren sie eine Art »Sexualkannibalismus light«. Die Männchen dieser Grillenart müssen sich nämlich die gewünschte Weitergabe ihrer Gene mit ihrem eigenen Blut erkaufen: Sie gestatten der Dame ihres Herzens während der Kopulation ihre Flügel anzuknabbern, die von Blutgefäßen durchzogen sind. Mit diesem Brautgeschenk der besonderen Art sichern sie sich quasi die Geduld der Weibchen, die sich solange an ihrem Blut laben dürfen, wie sie bei der Paarung stillhalten. Die Männchen zahlen dabei einen hohen Preis. Die verstümmelten Tiere sind für ihr restliches Leben gezeichnet und bleiben durch den massiven Blutverlust, der immerhin bis zu zehn Prozent des Körpergewichtes betragen kann, geschwächt. So sind sie im Vergleich zu ihren bisher noch nicht sexuell aktiven Geschlechtsgenossen in puncto neuerlicher Paarung deutlich im Nachteil.

Approaching each other with caution: a male and female sagebrush cricket.

Vorsichtige Annäherung: männliche und weibliche Beifuß-Grille.

A sagebrush cricket female listens to the vocal stylings of a male.

Beifuß-Grillenweibchen lauscht den Gesangsdarbietungen eines Männchens.

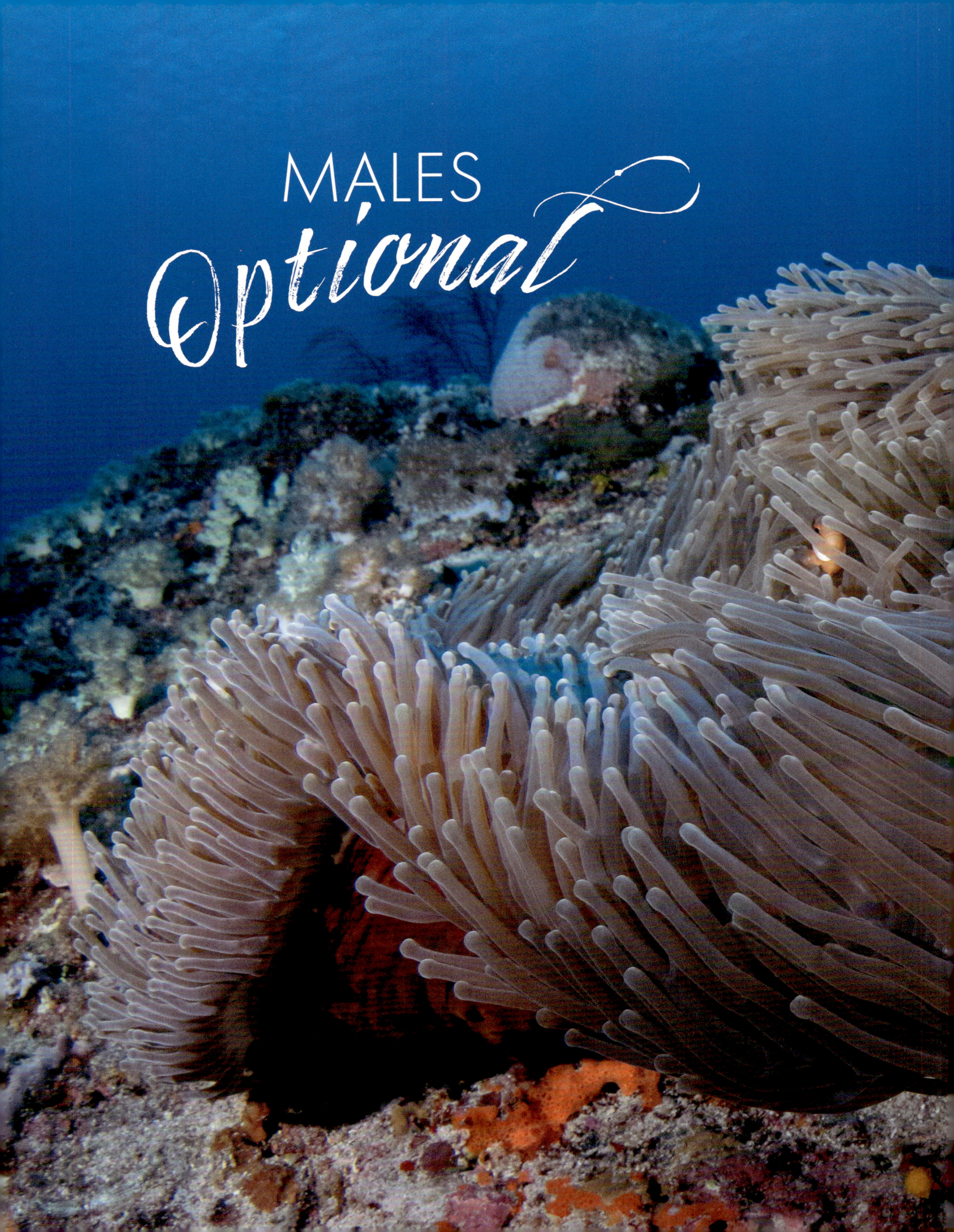

MALES
Optional

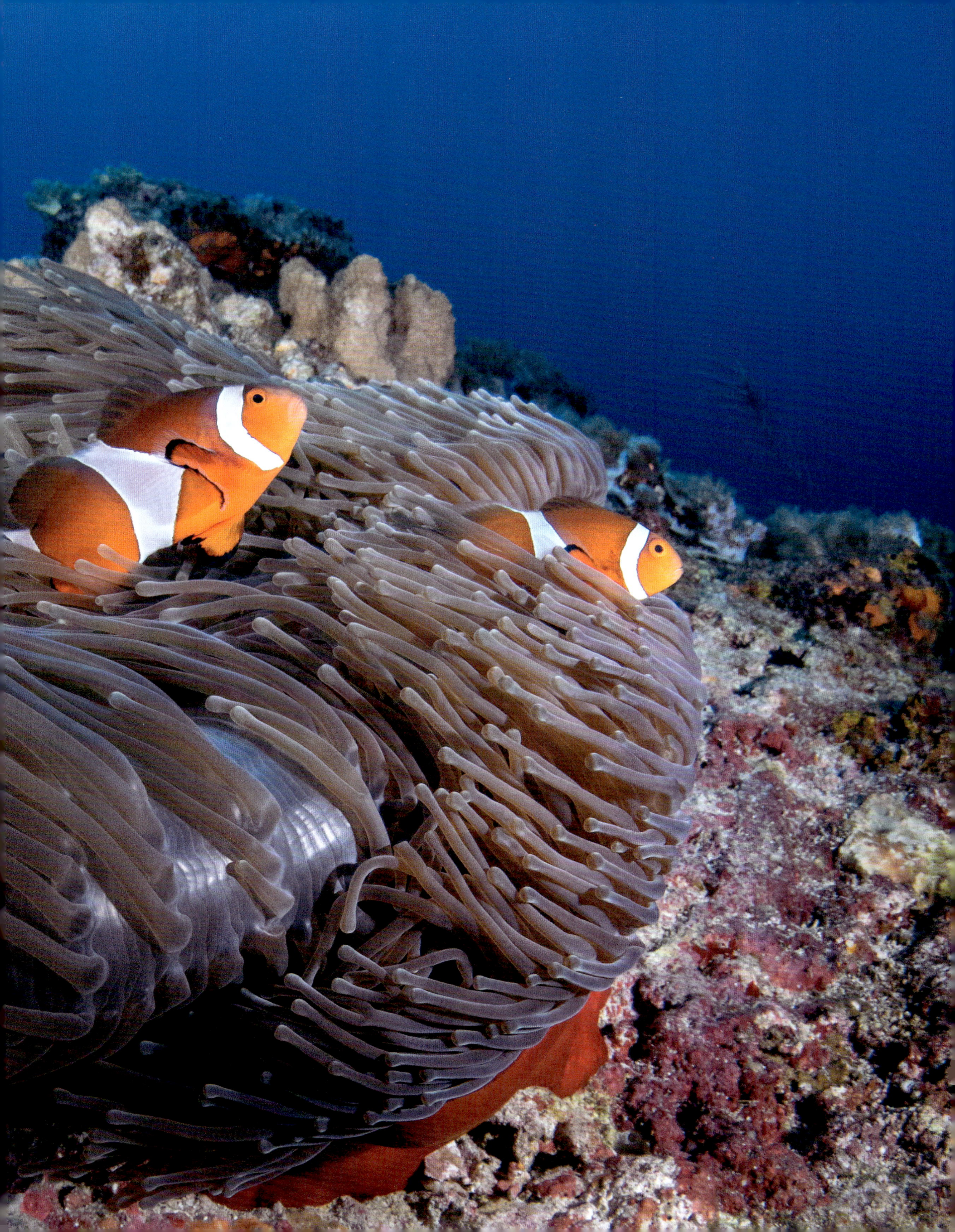

MALES OPTIONAL

WHEN MEN ARE ONLY NEEDED ON A *limited basis*

Some animal species are not that easy to pin down to a specific sex. Especially among some fish and lower animals like crustaceans, you can find species that simply change their sex without having to invest much effort. Along with simultaneous hermaphrodites, which are creatures that possess male and female sex organs at the same time, like Roman snails, there are also animal species that can change their sex in the course of their lives. Although they also possess male and female sex organs, they don't use them simultaneously, and instead switch the respective sex on and off like a light switch. These sequential hermaphrodites, as they are called, include some grouper species. They can sometimes change sex faster than we humans can change our shirts, which is an ability that can be quite helpful in the preservation of the species. For example, if a school comprised of only female groupers is ready to mate and can't find a male in the vastness of the ocean, the largest female simply transforms into a male. Problem solved. In some cases, this change can also be seen externally on the "sex-changed" animal. For example, ribbon eels that live in the Indo-Pacific all start their lives as males. However, once the bright blue fish reach a length of exactly 37 inches, they instantly transform into a bright yellow female.

In other species, the females can do without a mate altogether and reproduce asexually by what is known as virgin birth or parthenogenesis. This means that the females avoid choosing a partner and going through courtship and mating, sometimes in general and sometimes at least temporarily. They simply create their offspring from their own genetic material. In parthenogenesis, an unfertilized egg cell of the female is made to appear to be fertilized with the aid of hormones, so that it can divide and grow into a fully developed organism. The resulting offspring are genetically identical to the mother, always daughters and effectively clones, since there was no exchange of genetic material with a male. This process of parthenogenesis is found in a large number of invertebrates, such as rotifers, several crustaceans and arachnids, and some species of insect. Among vertebrates, however, only some fish and reptile species employ this method. The types of parthenogenesis are many and varied. For example, there are species that can reproduce both sexually and by virgin birth, including the Komodo dragon and the anaconda, one of the largest snakes in the world. These species reproduce parthenogenetically whenever suitable mates are not available. In contrast, two-sex reproduction has been completely lost in other species in the course of evolution, such as in some mites.

WENN MÄNNER NUR *bedingt* BENÖTIGT WERDEN

Manche Tierarten lassen sich gar nicht so einfach auf ein bestimmtes Geschlecht festlegen. Gerade bei einigen Fischen und niederen Tieren wie etwa Krebstieren findet man Arten, die ohne einen großen Aufwand betreiben zu müssen einfach ihr Geschlecht wechseln. Neben den sogenannten Simultanzwittern – Tieren, die gleichzeitig männliche und weibliche Geschlechtsorgane besitzen – wie beispielsweise Weinbergschnecken gibt es aber auch Tierarten, die im Laufe ihres Lebens ihr Geschlecht verändern können. Diese besitzen zwar ebenfalls männliche und weibliche Geschlechtsorgane, nutzen diese jedoch nicht zeitgleich, sondern schalten das jeweilige Geschlecht wie einen Lichtschalter an und aus.

Diese sogenannten Sukzedanzwitter, darunter einige Zackenbarscharten, können bisweilen ihr Geschlecht schneller wechseln als wir Menschen das sprichwörtliche Hemd – eine Fähigkeit, die bei der Arterhaltung ziemlich hilfreich sein kann. Findet zum Beispiel eine paarungsbereite Zackenbarschgruppe, die lediglich aus Weibchen besteht, in den Weiten des Ozeans keinen Fortpflanzungspartner, verwandelt sich das größte Weibchen einfach in ein Männchen. Und schon ist das Problem gelöst. Diese Veränderung ist in einigen Fällen auch äußerlich am »geschlechtsumgewandelten« Tier zu erkennen. So beginnen die im Indopazifik lebenden Geistermuränen ihr Leben alle als Männchen. Sobald die leuchtend blau gefärbten Fische allerdings eine Länge von exakt 95 Zentimetern erreicht haben, verwandeln sie sich blitzartig in ein strahlend gelb gefärbtes Weibchen.

Bei anderen Tierarten können die Weibchen völlig auf Partner verzichten und pflanzen sich eingeschlechtlich durch eine sogenannte Jungfernzeugung bzw. Parthenogenese fort. Will heißen, die entsprechenden Weibchen ersparen sich manchmal generell, manchmal zumindest zeitweilig einfach Partnerwahl, Balz und Paarung und basteln sich den Nachwuchs schlicht aus dem eigenen Erbgut. Bei der Jungfernzeugung wird einer unbefruchteten Eizelle des Weibchens mithilfe von Hormonen eine Befruchtung vorgegaukelt, sodass sie sich teilen kann und aus ihr ein voll entwickelter Organismus heranreift. Die daraus entstandenen Jungtiere sind genetisch identisch mit dem Muttertier, natürlich auch immer Töchter und quasi natürliche Klone, da kein Erbgutaustausch mit einem Männchen stattgefunden hat. Diese Jungfernzeugung findet man bei einer Vielzahl von wirbellosen Tieren wie Rädertierchen, etlichen Krebs- und Spinnentieren sowie einigen Insektenarten. Bei den Wirbeltieren sind es dagegen nur einige Fisch- und Reptilienarten, die sich dieser Methode bedienen. Die Spielarten in Sachen Jungfernzeugung sind vielfältig. So gibt es beispielsweise Spezies, die sich sowohl sexuell als auch per Jungfernzeugung fortpflanzen können, darunter der Komodowaran oder die Anakonda, eine der größten Schlangen der Welt. Diese Tierarten pflanzen sich immer dann parthenogenetisch fort, wenn keine geeigneten Partner für die Paarung zur Verfügung stehen. Bei anderen Tieren – wie bei einigen Milben – ist dagegen im Laufe der Evolution die zweigeschlechtliche Fortpflanzung vollständig verloren gegangen.

MALES OPTIONAL

REPTILE
REPTIL

Thanks to their poisonous bite, Komodo dragons can even prey on water buffalo, which weigh around ten times as much as they do.

Dank eines giftigen Bisses können Komodowarane sogar Wasserbüffel erbeuten, also Tiere, die rund zehnmal so schwer sind wie sie selbst.

The last of the dragons: A huge male Komodo dragon on the hunt. He uses his tongue to locate his prey.

Der »letzte Drache«: Ein riesiger männlicher Komodowaran auf der Jagd. Mit der Zunge ortet er seine Beute.

Komodo dragon
Varanus komodoensis

The most highly developed animal species that has been shown to reproduce parthenogenetically, in other words to have virgin births, is the king of the lizards, the Komodo dragon. Normally, these reptiles, which can grow up to ten feet in length and weigh up to 170 pounds, reproduce sexually in the conventional way. Under certain environmental conditions, however, the last of the dragons resorts to parthenogenesis. But unlike in other species, this reproductive method always produces males, which is related to the complicated distribution of sex chromosomes in Komodo dragons. Scientists believe that parthenogenesis helps Komodo dragons, which only live on the island of Komodo and on a few other small Indonesian islands, to expand their habitat. For example, a female could swim to an island not yet inhabited by dragons, reproduce there parthenogenetically, and then have actual sex with the males created by virgin birth, forming a new population in their new home.

Komodowaran
Varanus komodoensis

Die am höchsten entwickelte Tierart, bei der eine parthenogenetische Fortpflanzung, sprich eine Jungfernzeugung, nachgewiesen werden konnte, ist die »Echse aller Echsen«, der Komodowaran. Normalerweise pflanzen sich die bis zu drei Meter langen und bis zu 80 Kilogramm schweren Reptilien auf klassische Weise sexuell fort. Unter bestimmten Umweltbedingungen greifen die »letzten Drachen« jedoch auf die Jungfernzeugung zurück. Allerdings entstehen, anders als bei anderen Arten, durch diese Fortpflanzungsmethode immer Männchen. Das ist eine Tatsache, die mit der komplizierten Verteilung der Geschlechtschromosomen beim Komodowaran zusammenhängt. Die Wissenschaft vermutet, dass die Parthenogenese den Komodowaranen, die ja nur noch auf der Insel Komodo und auf ein paar weiteren kleinen indonesischen Eilanden leben, helfen soll, ihren Lebensraum auszuweiten. So könnte beispielsweise ein Weibchen zu einer noch nicht von Waranen besiedelten Insel schwimmen, sich dort parthenogenetisch fortpflanzen, um sich dann mit den durch Jungfernzeugung entstandenen Männchen wieder klassisch zu paaren und in der neuen Heimat eine neue Population zu begründen.

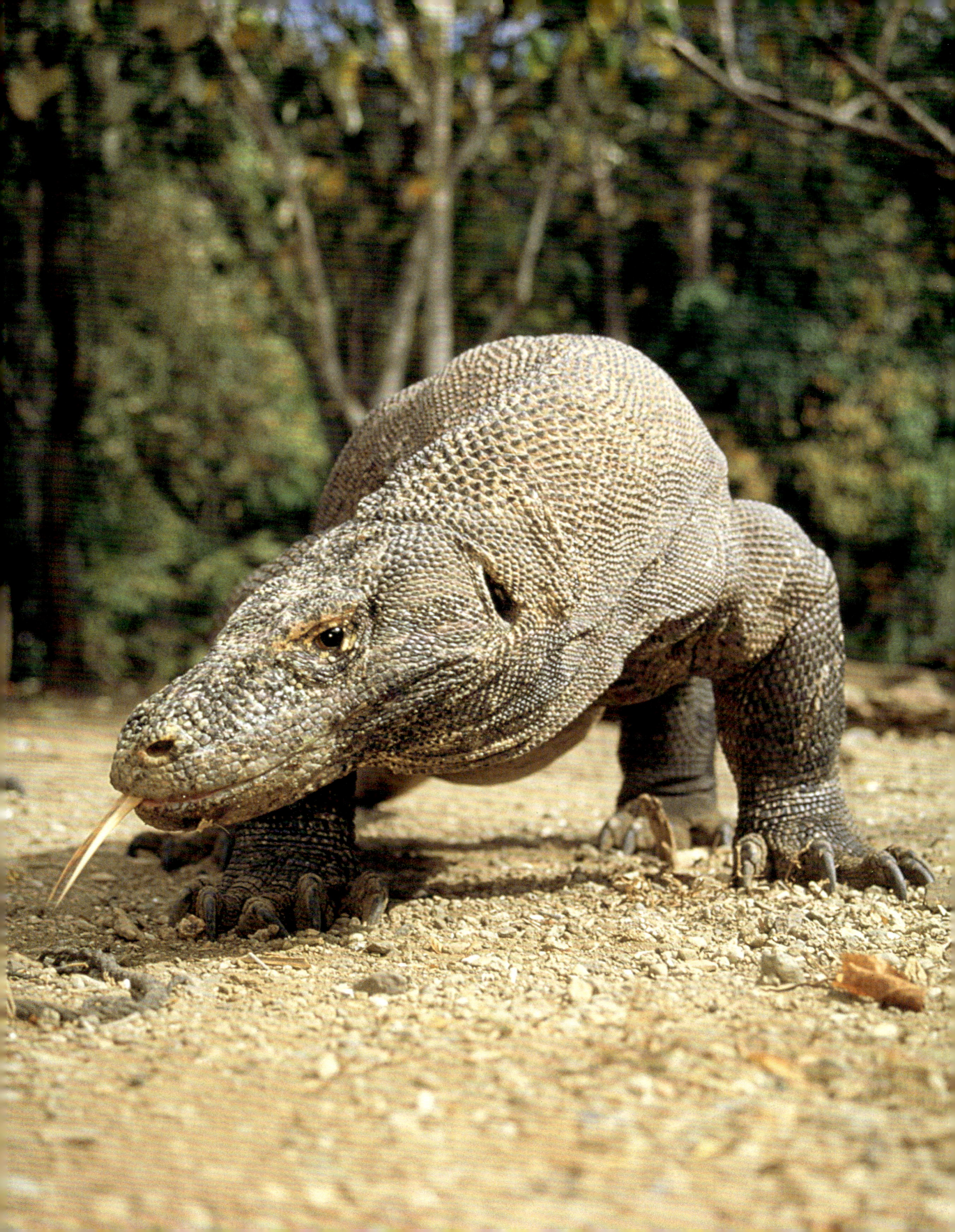

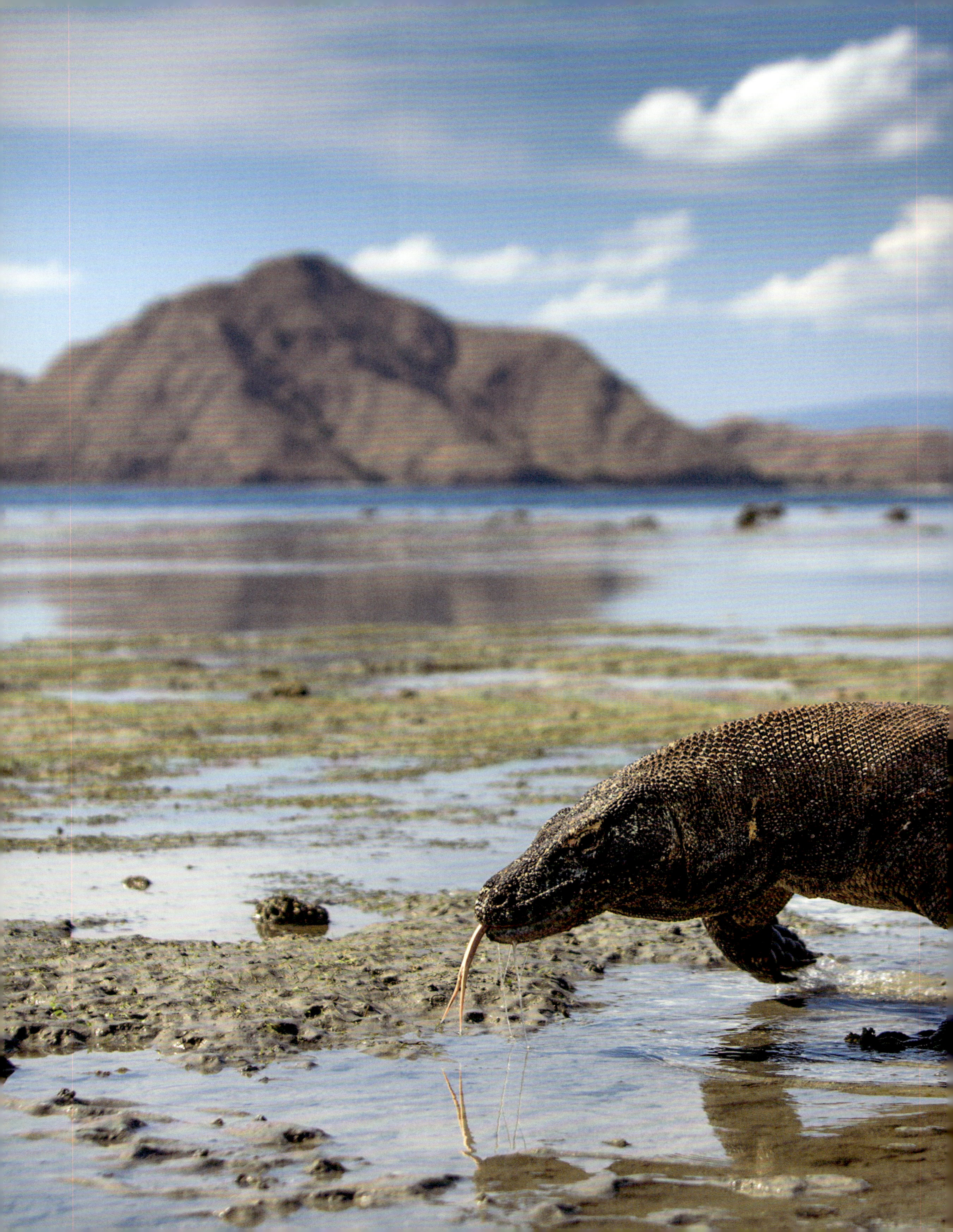

Large Komodo dragons have a pretty wide variety of food, ranging from sea turtles to goats.

Große Komodowarane haben einen ziemlich abwechslungsreichen Speisezettel – von der Meeresschildkröte bis zur Ziege.

When Komodo dragon babies hatch from their eggs, they are already 16 inches long, sometimes even longer.

Wenn Komodowaran-Babys aus dem Ei schlüpfen, sind sie bereits 40 Zentimeter und mehr lang.

A Komodo dragon, just four days old. The young often retreat to trees to avoid being eaten by the adults.

Gerade mal vier Tage alter Komodowaran. Die Jungen ziehen sich oft auf Bäume zurück, um zu verhindern, von den erwachsenen Tieren aufgefressen zu werden.

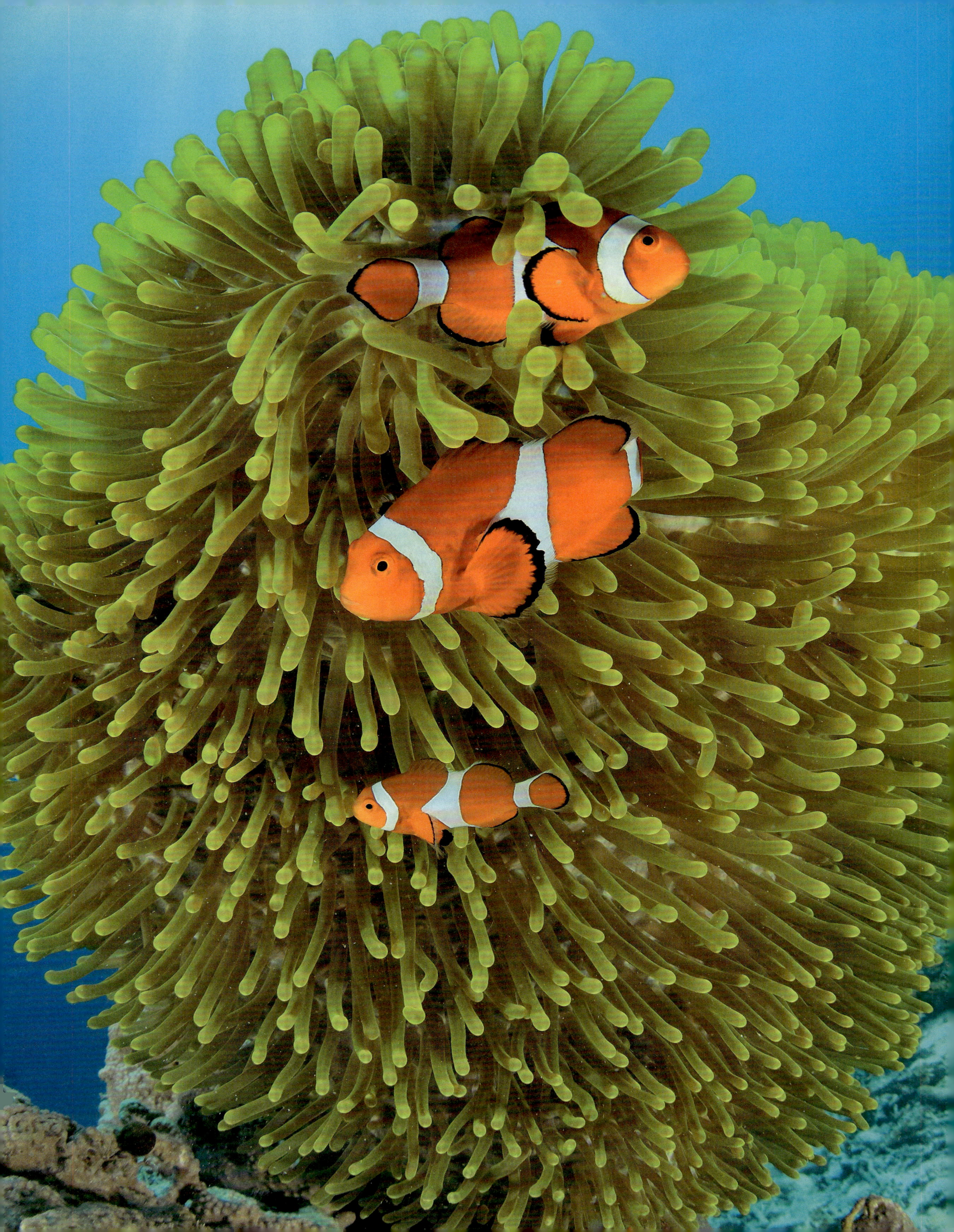

MALES OPTIONAL

FISH
FISCH

Clownfish communicate using their teeth. By rubbing their teeth together, they make chirping and clicking sounds that have various meanings.

Clownfische kommunizieren mithilfe ihres Gebisses. Durch Aneinanderreiben der Zähne erzeugen sie Zirp- und Knackgeräusche mit unterschiedlichen Bedeutungen.

Many sea creatures avoid the stinging tentacles of the sea anemone—an ideal habitat for clownfish, which are protected here and protect the anemone in turn.

Den nesselnden Tentakeln der Seeanemone gehen viele Meeresbewohner aus dem Weg – idealer Lebensraum für Clownfische, die hier geschützt sind und ihrerseits die Anemone schützen.

Ocellaris clownfish
Amphiprion ocellaris

Clownfish, which gained global fame thanks to Disney's animated movie *Finding Nemo*, often live in small communities in a sea anemone that protects them. You will always find several males within the group, but never more than one female, who clearly dominates the community. There is a hierarchy based on size among the males. Only the largest male is allowed to mate with the female and be responsible for reproduction. The growth and the fertility of the other males is suppressed by the constant aggression of the couple at the top.
However, this changes when the dominant female dies. Then, in one fell swoop, the highest-ranking male turns into a female and takes over the role of boss. And the male who was second in the hierarchy gets to move up and become the lover. A clever strategy that benefits the preservation of the species in an unusual way—thanks to the sex change, the clownfish group does not have to leave its protective anemone to look for a new female to reproduce with.

Falscher Clownfisch
Amphiprion ocellaris

Clownfische, die durch den Disney-Animationsfilm *Findet Nemo* weltweite Bekanntheit erlangt haben, leben oft in kleinen Gemeinschaften in einer sie schützenden Seeanemone. In der Gruppe findet man stets mehrere Männchen, jedoch immer nur ein Weibchen, das den Verband eindeutig dominiert. Unter den männlichen Fischen herrscht eine nach der Größe der Tiere gestaffelte Rangordnung. So darf sich nur das größte Männchen mit dem Weibchen paaren und für die Fortpflanzung sorgen. Das Wachstum und damit die Fruchtbarkeit der anderen Männchen wird durch dauernde Aggressionen des Paares an der Spitze unterdrückt. Das ändert sich jedoch, wenn das dominante Weibchen stirbt. Dann verwandelt sich mit einem Schlag das ranghöchste Männchen in ein Weibchen und übernimmt die »Chefrolle«. Und das Männchen, das in der Hierarchie an zweiter Stelle stand, darf zum Liebhaber aufsteigen. Eine clevere Strategie, die auf ungewöhnliche Weise der Arterhaltung dient: Dank der Geschlechtsumwandlung muss die Clownfischgruppe nämlich nicht ihre schützende Anemone verlassen, um sich ein neues Weibchen zur Fortpflanzung zu suchen.

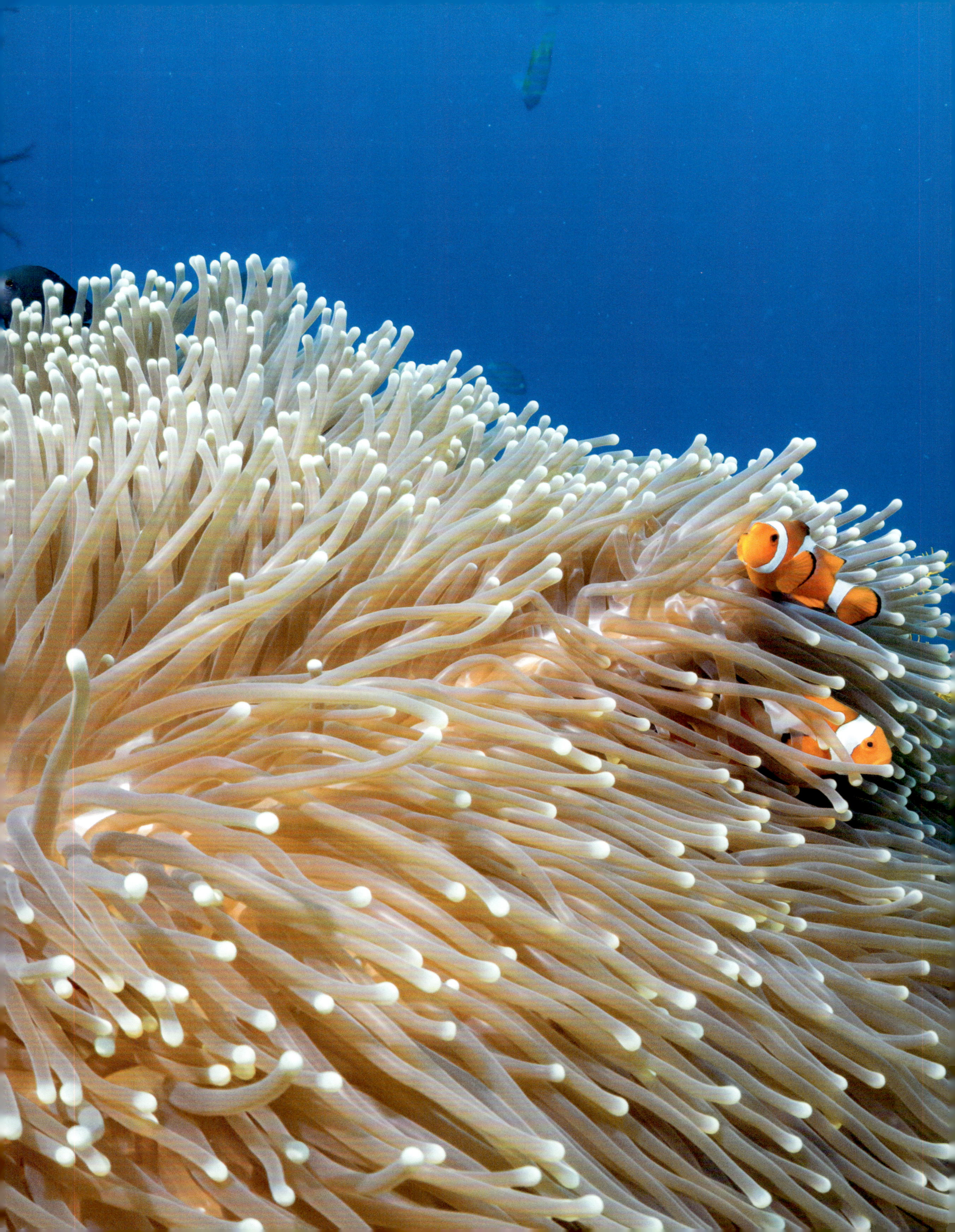

The ocellaris clownfish is not a particularly good swimmer, but it also doesn't have to be. It doesn't need to leave its cozy sea anemone, because it feeds on small crustaceans and other zooplankton that are practically everywhere.

Der Falsche Clownfisch ist kein besonders guter Schwimmer, doch das muss er auch nicht sein. Seine behagliche Seeanemone braucht er nicht verlassen, denn er ernährt sich von kleinen Krebsen und anderem tierischen Plankton, das praktisch überall ist.

Clownfish are protected from the stinging cells of sea anemones by a thick layer of mucus. Incidentally, their tiny offspring are quickly swept away by the current and have to find their own anemone.

Vor den Nesselzellen der Seeanemonen sind die Clownfische durch eine dicke Schleimschicht geschützt. Der winzige Nachwuchs wird übrigens von der Strömung schnell abgetrieben und muss sich eine eigene Anemone suchen.

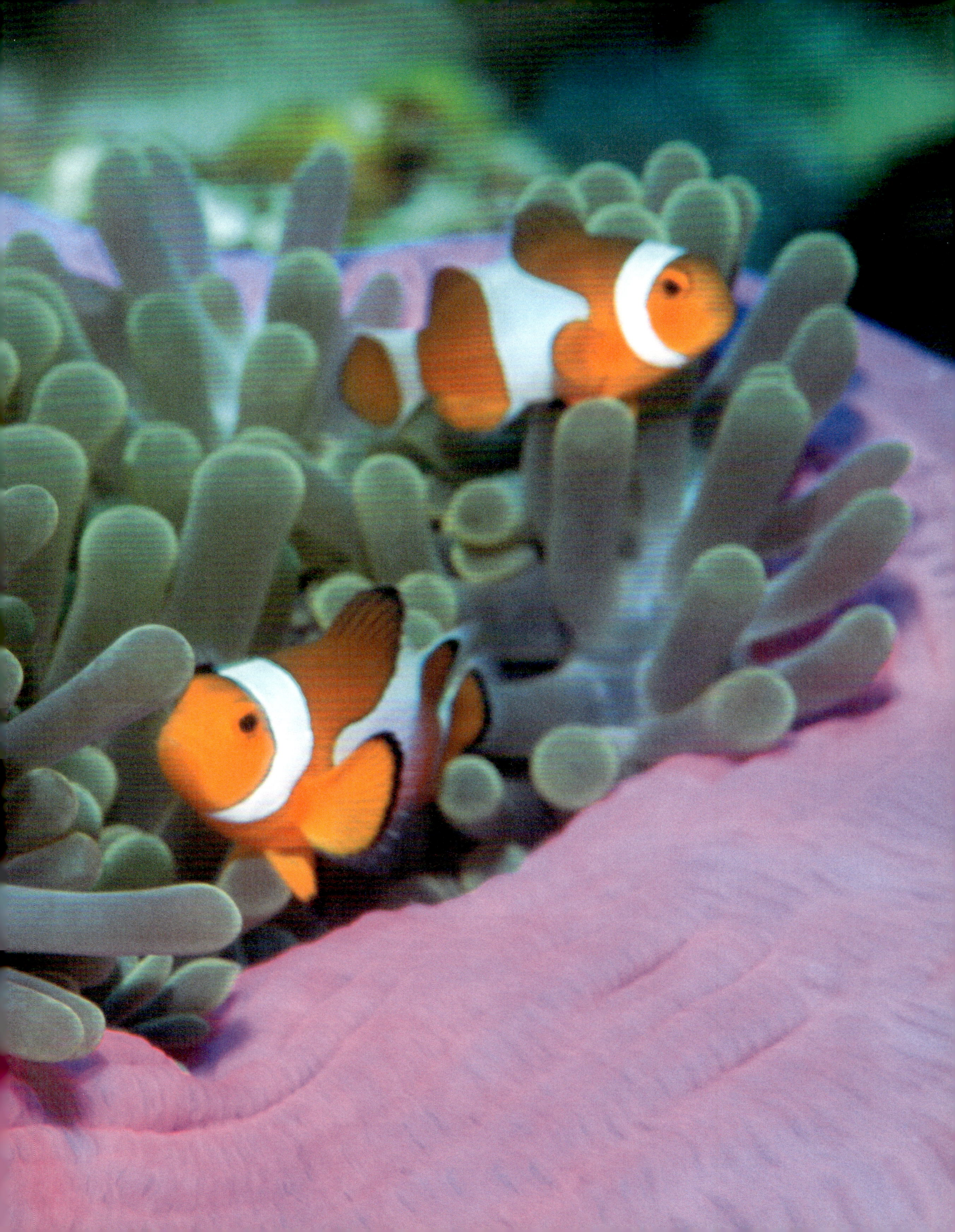

MALES OPTIONAL

INSECT

INSEKT

These insects have the unusual ability to discard their legs in case of danger and replace them during the next molt.

Diese Insekten besitzen die ungewöhnliche Fähigkeit, bei Gefahr ihre Beine dank sogenannter »Sollbruchstellen« abzuwerfen und bei der nächsten Häutung wieder zu ersetzen.

The female spiny leaf insect bends her abdomen like a scorpion.

Das Weibchen der Australischen Gespenstschrecke biegt seinen Hinterleib wie ein Skorpion.

Spiny leaf insect

Extatosoma tiaratum

Spiny leaf insects are among the largest insects in the world, although the males and females of these gigantic insects look completely different. The males are much slimmer than the females and, thanks to fully developed wings, they are also able to fly. The more voluminous females, on the other hand, merely have small stubby wings. Like many other insects, female spiny leaf insects can, at least temporarily, do without a male mate and reproduce by parthenogenesis. The young produced by asexual reproduction are all females and, genetically speaking, an exact likeness of their mother. In another amazing feat of adaptation, spiny leaf insects can change color as they evolve to better adapt to a particular habitat. This type of camouflage, of course, helps protect them from predators.

Australische Gespenstschrecke

Extatosoma tiaratum

Australische Gespenstschrecken gehören zu den größten Insekten der Welt – wobei Männchen und Weibchen der gigantischen Kerbtiere völlig unterschiedlich aussehen. Die männlichen Tiere sind deutlich schlanker als die weiblichen und können, dank voll ausgebildeter Flügel, auch fliegen. Die wuchtigeren Weibchen verfügen dagegen lediglich über kleine Stummelflügel. Wie viele andere Insekten können auch weibliche Australische Gespenstschrecken – zumindest zeitweilig – auf einen männlichen Partner verzichten und sich durch Jungfernzeugung fortpflanzen. Die durch die eingeschlechtliche Fortpflanzung entstandenen Jungtiere sind alles Weibchen und genetisch betrachtet das exakte Ebenbild ihrer Mutter. Eine weitere erstaunliche Anpassungsleistung: Australische Gespenstschrecken können im Laufe ihrer Entwicklung ihre Farbe wechseln, um sich besser an einen Lebensraum anzupassen. Diese Art der Tarnung dient natürlich dem Schutz vor Fressfeinden.

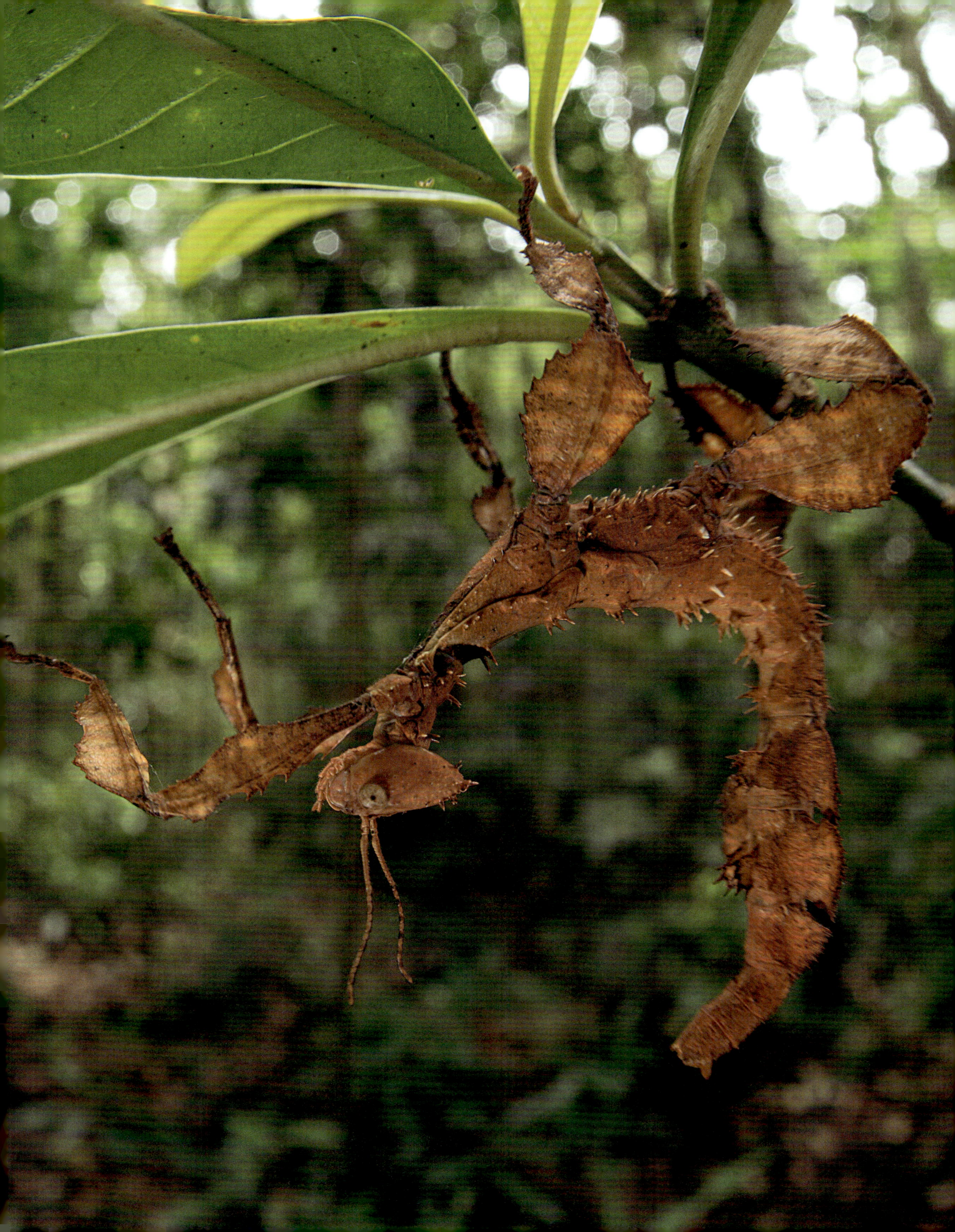

The female spiny leaf insect is one of the largest and heaviest insects in the world.

Das Weibchen der Australischen Gespenstschrecke ist eines der größten und schwersten Insekten weltweit.

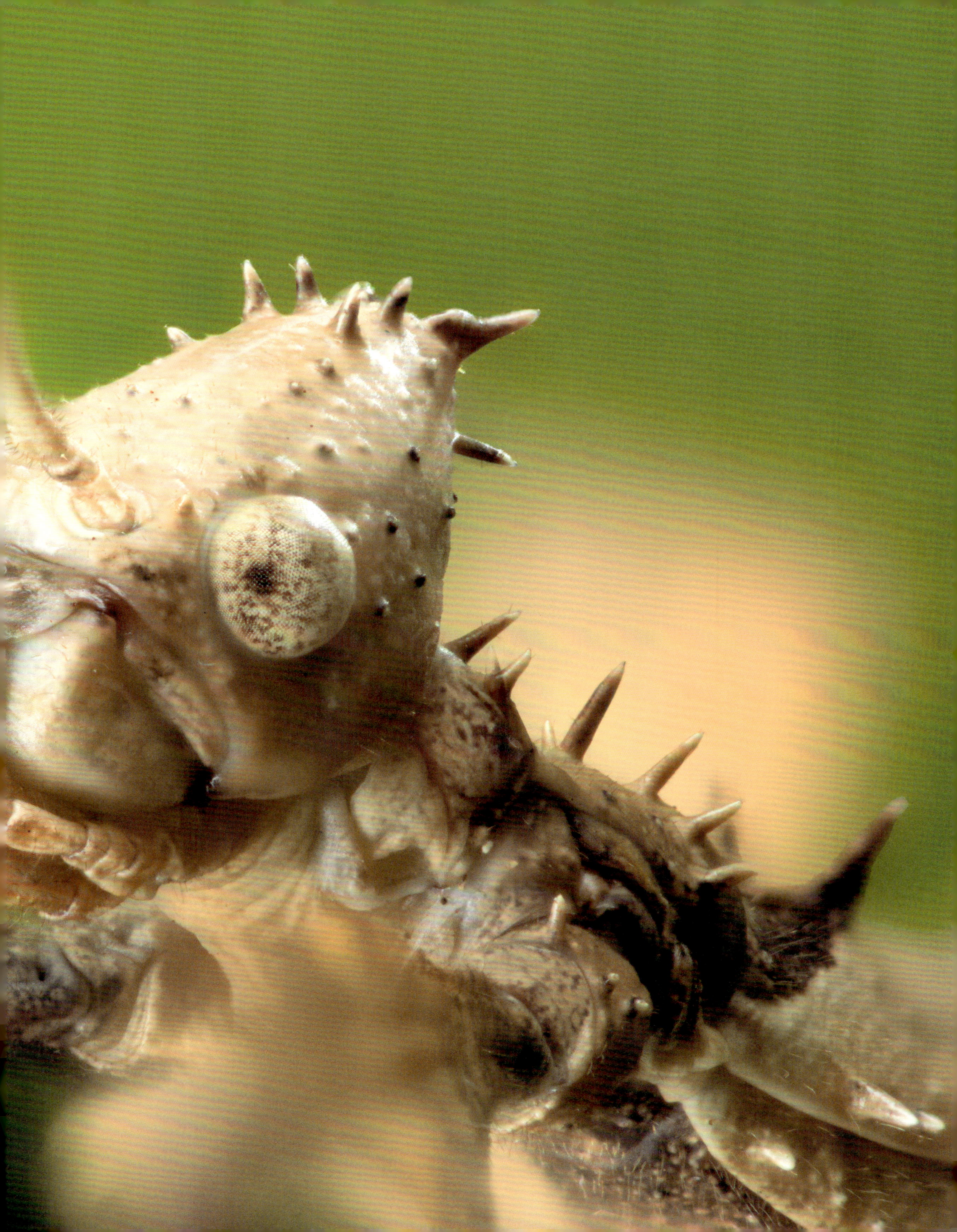

Well-camouflaged: Against a background of withered leaves, a spiny leaf insect is barely visible to a predator.

Gut getarnt: Vor einem Hintergrund aus verwelkten Blättern ist eine Gespenstschrecke für einen Fressfeind kaum zu erkennen.

Once a pair of spiny leaf insects has found one another, the male climbs onto the female's back and begins mating.

Sobald sich ein Gespenstschreckenpaar gefunden hat, steigt das Männchen auf den Rücken des Weibchens und beginnt mit der Paarung.

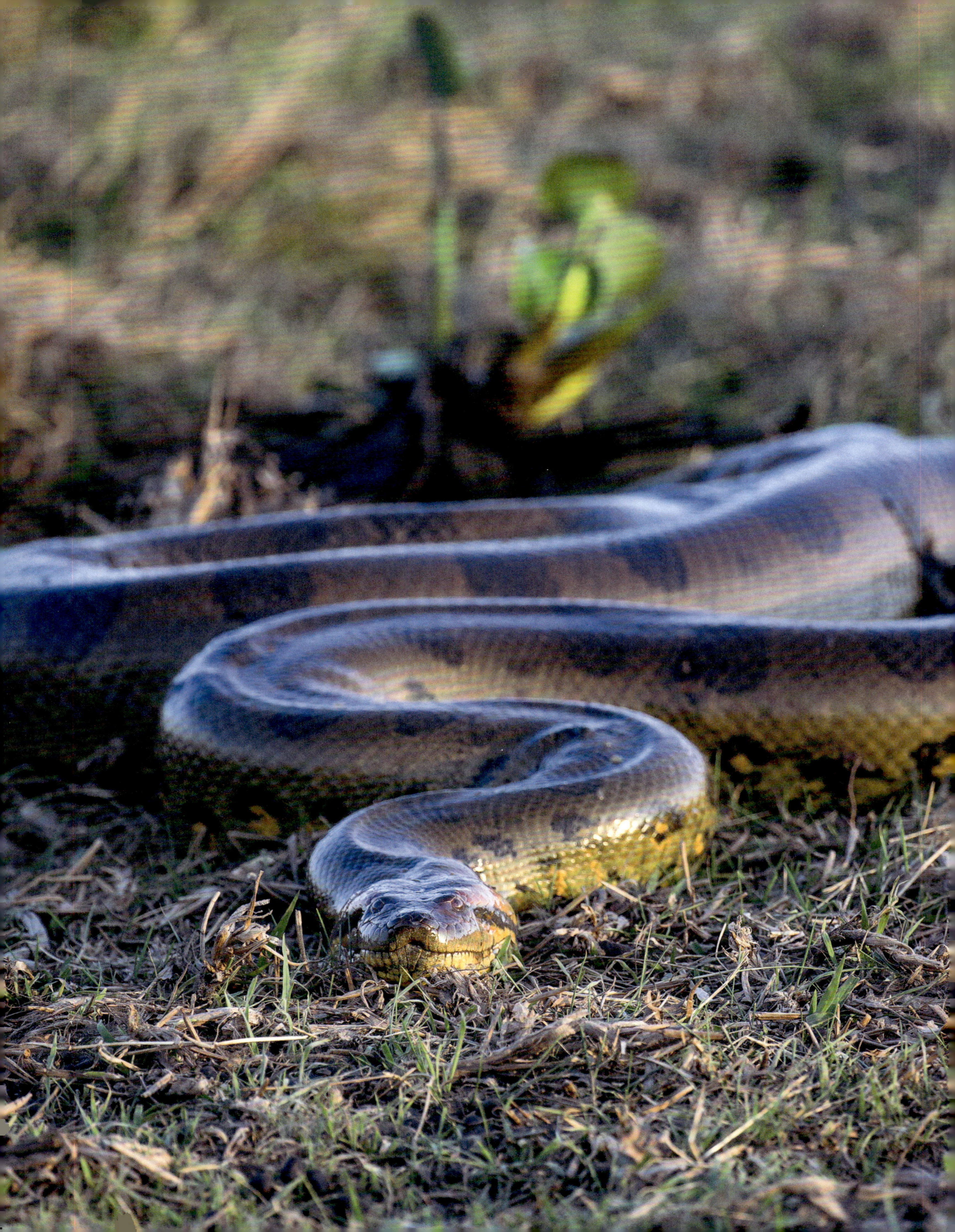

MALES OPTIONAL

REPTILE
REPTIL

In times of need, an anaconda can go without food for over a year.

Eine Anakonda kann in Notzeiten über ein Jahr lang ohne Nahrung auskommen.

Anacondas are constrictors, known for wrapping their muscular bodies around their victims and suffocating them.

Anakondas gehören zu den sogenannten Würgeschlangen, die ihr Opfer mit ihrem muskulösen Körper fest umschlingen und dadurch ersticken.

Green anaconda

Eunectes murinus

At a length of up to 30 feet, anacondas are not only among the largest snakes in the world, they also exhibit mating behavior that is unique in the animal kingdom. During reproduction, this species often forms something called breeding balls, which consist of a female and up to 13 significantly smaller males, which simultaneously wrap themselves around the female. The breeding balls can last for several weeks. In this configuration, the males compete for the female's favor by pushing and wrestling. The female usually has intercourse with several males in succession, while the anaconda males apparently only wrap themselves around a single female per mating season. However, things can turn out quite differently if there are no males available. In this case, the huge snakes simply reproduce by parthenogenesis. The daughters created by this form of asexual reproduction are clones of the mother in terms of their genetic makeup, but they do develop their own character later.

Große Anakonda

Eunectes murinus

Anakondas gehören mit einer Länge von bis zu neun Metern nicht nur zu den größten Schlangen der Welt, sondern haben auch ein im Tierreich einmaliges Paarungsverhalten. Bei dieser Art bilden sich bei der Fortpflanzung nämlich oft sogenannte Paarungsknäuel, die aus einem Weibchen und bis zu 13 deutlich kleineren Männchen bestehen, die das Weibchen gleichzeitig umschlingen. Das Paarungsknäuel kann mehrere Wochen bestehen. In dieser Konstellation konkurrieren die Männchen durch Drängen und Stoßen um die Gunst des Weibchens. Dieses hat in der Regel mit mehreren Männchen hintereinander Verkehr, während die Anakondamänner pro Paarungssaison offenbar nur ein einziges Weibchen umschlingen. Es kann jedoch auch ganz anders kommen, wenn mal gar kein Männchen verfügbar ist. Dann vermehren sich die gewaltigen Schlangen einfach per Jungfernzeugung. Die durch diese Form der eingeschlechtlichen Fortpflanzung entstandenen Töchter sind, von ihrer Genausstattung her, zwar Klone der Mutter, entwickeln später aber dennoch einen eigenen Charakter.

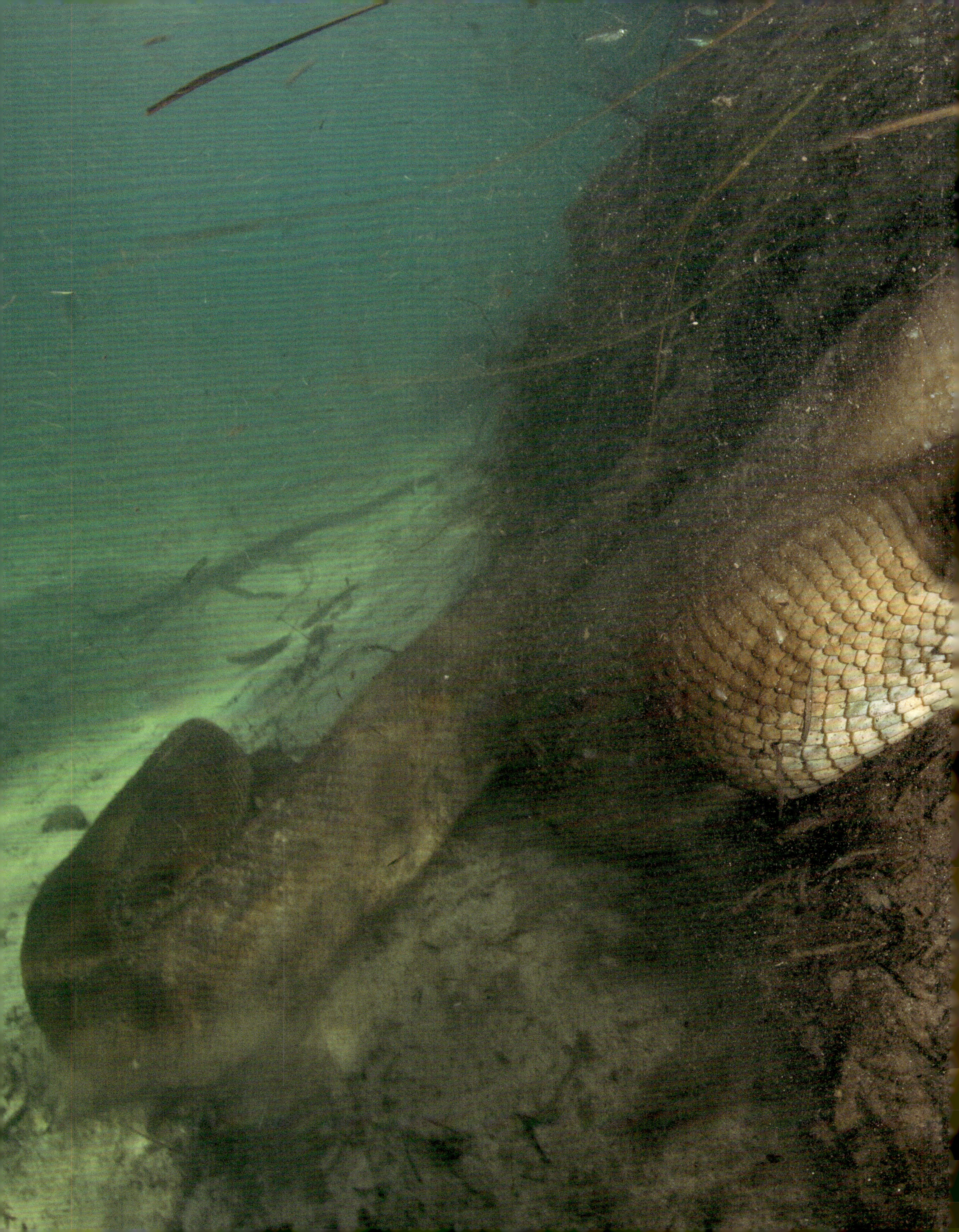

Anacondas usually lurk in the water waiting for their prey, well-camouflaged. These skilled swimmers can remain underwater for up to 45 minutes.

Anakondas lauern in der Regel gut getarnt im Wasser auf ihre Beute. Die geschickten Schwimmer können bis zu 45 Minuten unter Wasser bleiben.

A sensational shot: After mating, a female anaconda strangles the much smaller male to death before devouring it.

Sensationelle Aufnahme: Weibliche Anakonda würgt nach der Paarung das deutlich kleinere Männchen zu Tode, um es anschließend zu verzehren.

A breeding ball of green anacondas: Several small males vie for the favor of the considerably larger female. This grueling ritual can last several weeks.

»Paarungsknäuel« bei der Großen Anakonda: Mehrere kleine Männchen buhlen um die Gunst des erheblich größeren Weibchens. Das aufreibende Ritual kann mehrere Wochen dauern.

MALES OPTIONAL

CEPHALOPOD
KOPFFÜSSER

Giant cuttlefish males change their normal coloration during courtship and try to impress the females with a veritable barrage of rapidly changing patterns and colors, kind of like a living disco ball.

Riesensepiamännchen verändern bei der Balz ihre normale Färbung und versuchen die Weibchen – als eine Art lebende Discokugel – mit einem regelrechten Feuerwerk von schnell wechselnden Mustern und Farben zu beeindrucken.

A scuffle among cuttlefish males: A giant cuttlefish male (center) tries to prevent another male from gaining access to "his" female.

Gerangel unter Tintenfischmännern: Ein Riesensepiamännchen (Mitte) versucht einem anderen männlichen Tier den Zugang zu »seinem« Weibchen zu verwehren.

Giant cuttlefish
Sepia apama

Sometimes males in the animal kingdom only reach their breeding goal when they disguise themselves as females, presenting themselves as transvestites, so to speak. This is illustrated, for example, by giant cuttlefish. These octopuses of around two feet in size stage a huge annual spectacle off the coast of the Australian town of Whyalla between May and September. Hundreds of thousands of them gather there to mate. Unfortunately, however, the ratio of males to females is 4:1, and sometimes even 11:1, so usually only the strongest giant cuttlefish males get the chance to capture a female. And when they do, they guard her jealously. But thanks to an ingenious trick, less imposing giant cuttlefish males can also have a go. They just disguise themselves as females. All they have to do is hide their telltale mating arm and switch their color from monochrome male to typical speckled female. Now camouflaged, they smuggle themselves past the jealous guards of the females, scoring the opportunity to reproduce for themselves.

Riesensepia
Sepia apama

Manchmal kommen Männchen im Tierreich in Sachen Fortpflanzung erst dann ans Ziel, wenn sie sich als Weibchen verkleiden, sich sozusagen als Transvestiten präsentieren. Das zeigen etwa Beobachtungen bei Riesensepien, rund 60 Zentimeter großen Tintenfischen, die alljährlich zwischen Mai und September vor der Küste der australischen Stadt Whyalla ein großes Spektakel veranstalten. Dort treffen sich dann Hunderttausende Exemplare zur Paarung. Unglücklicherweise beträgt jedoch das Verhältnis von Männchen zu Weibchen 4:1, manchmal sogar 11:1, sodass in der Regel nur die stärksten Riesensepiamännchen die Chance bekommen, ein Weibchen zu erobern. Und das bewachen sie dann eifersüchtig. Aber dank eines genialen Tricks können auch weniger imposante Riesensepiamännchen zum Zuge kommen: Sie verkleiden sich einfach als Weibchen. Dazu verstecken sie ihren verräterischen Begattungsarm und verändern ihre Farbe. Und zwar von »männlich einfarbig« in »typisch weiblich gesprenkelt«. So getarnt schmuggeln sie sich an den eifersüchtigen Bewachern der Weibchen vorbei und haben jetzt selbst die Möglichkeit, sich fortzupflanzen.

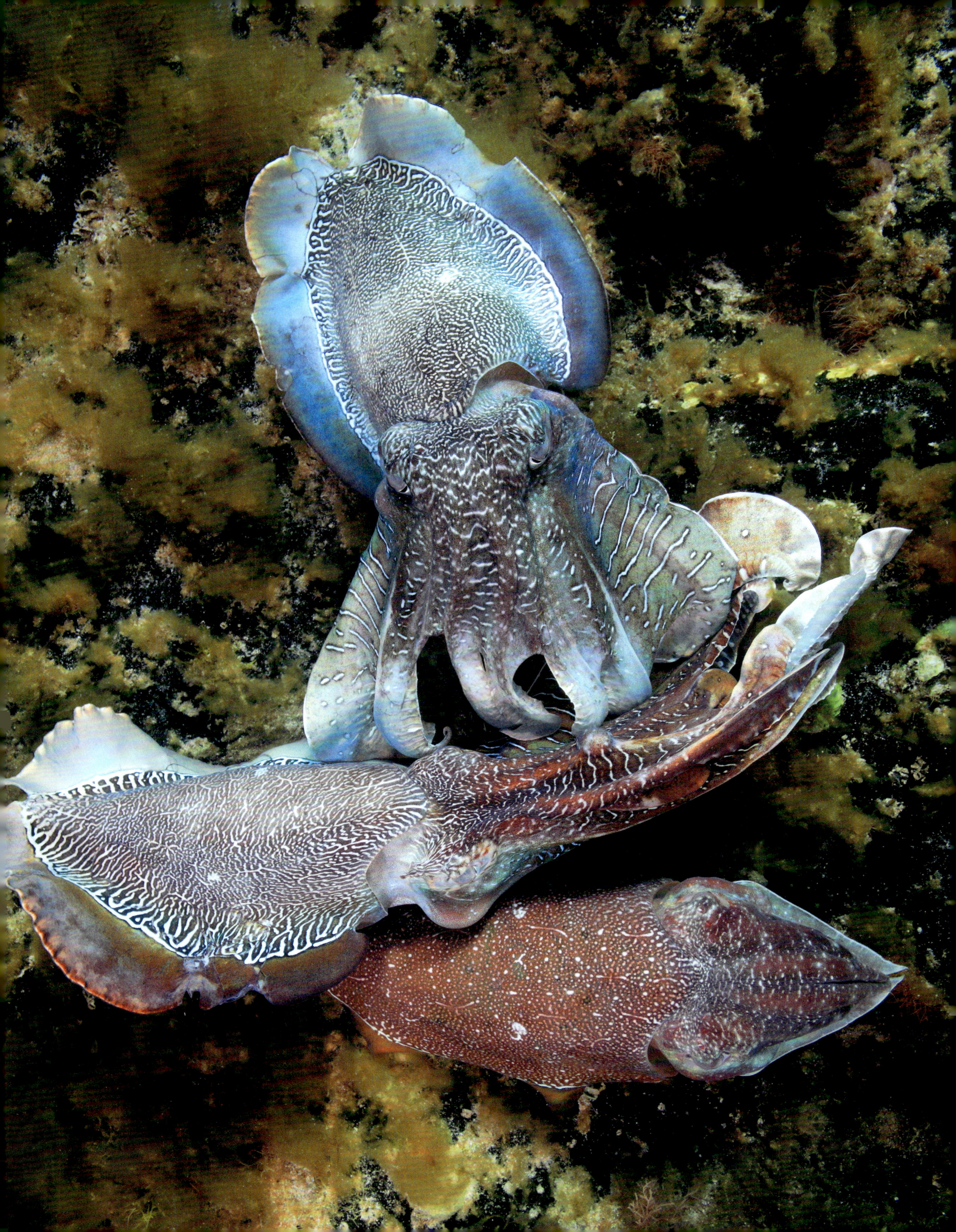

Giant cuttlefish can change their body color in an instant using special color cells in their skin. Their eyes are protected by a transparent membrane.

Riesensepien können durch spezielle Farbzellen in ihrer Haut ihre Körperfarbe blitzartig verändern. Die Augen sind von einer durchsichtigen Membran geschützt.

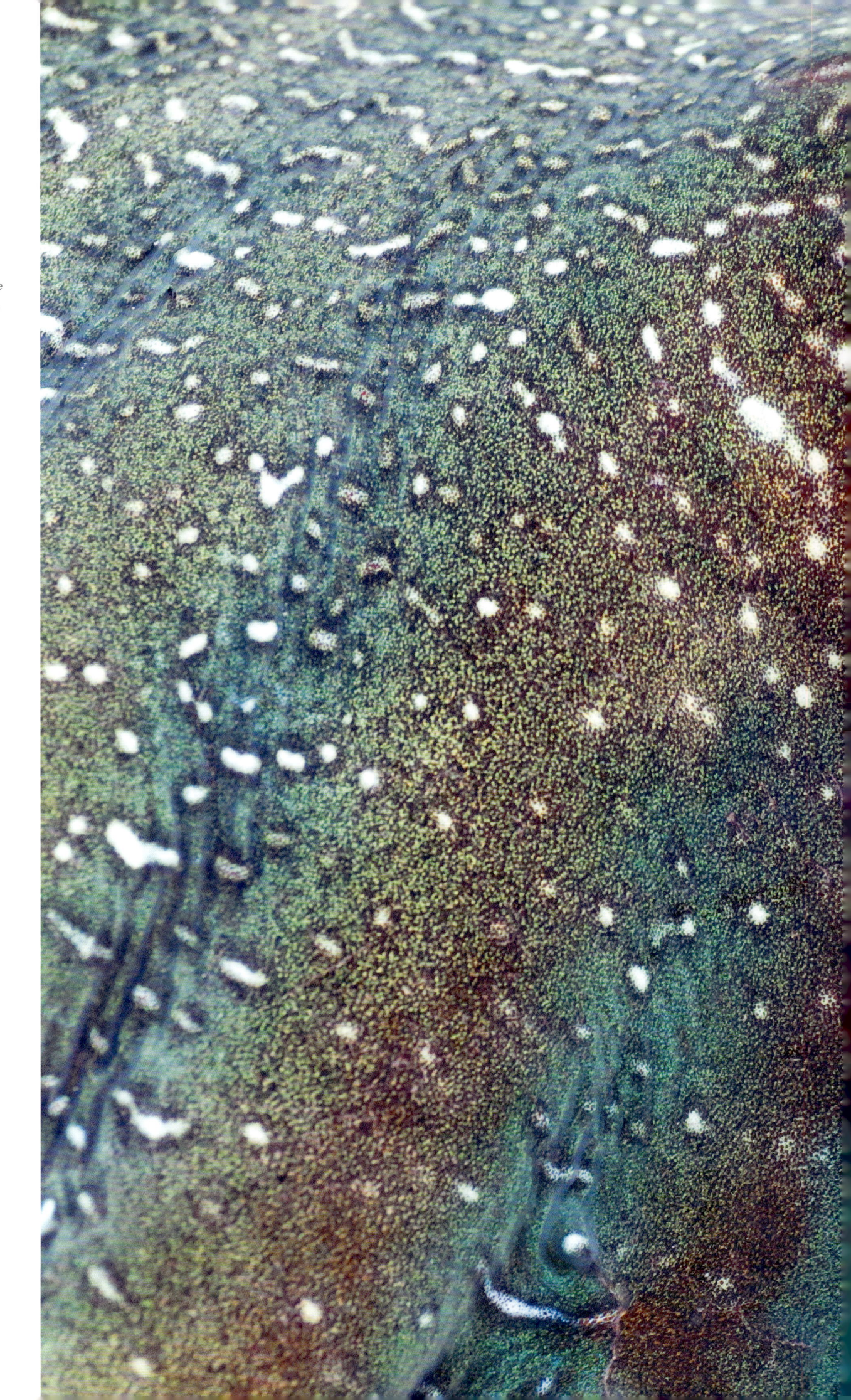

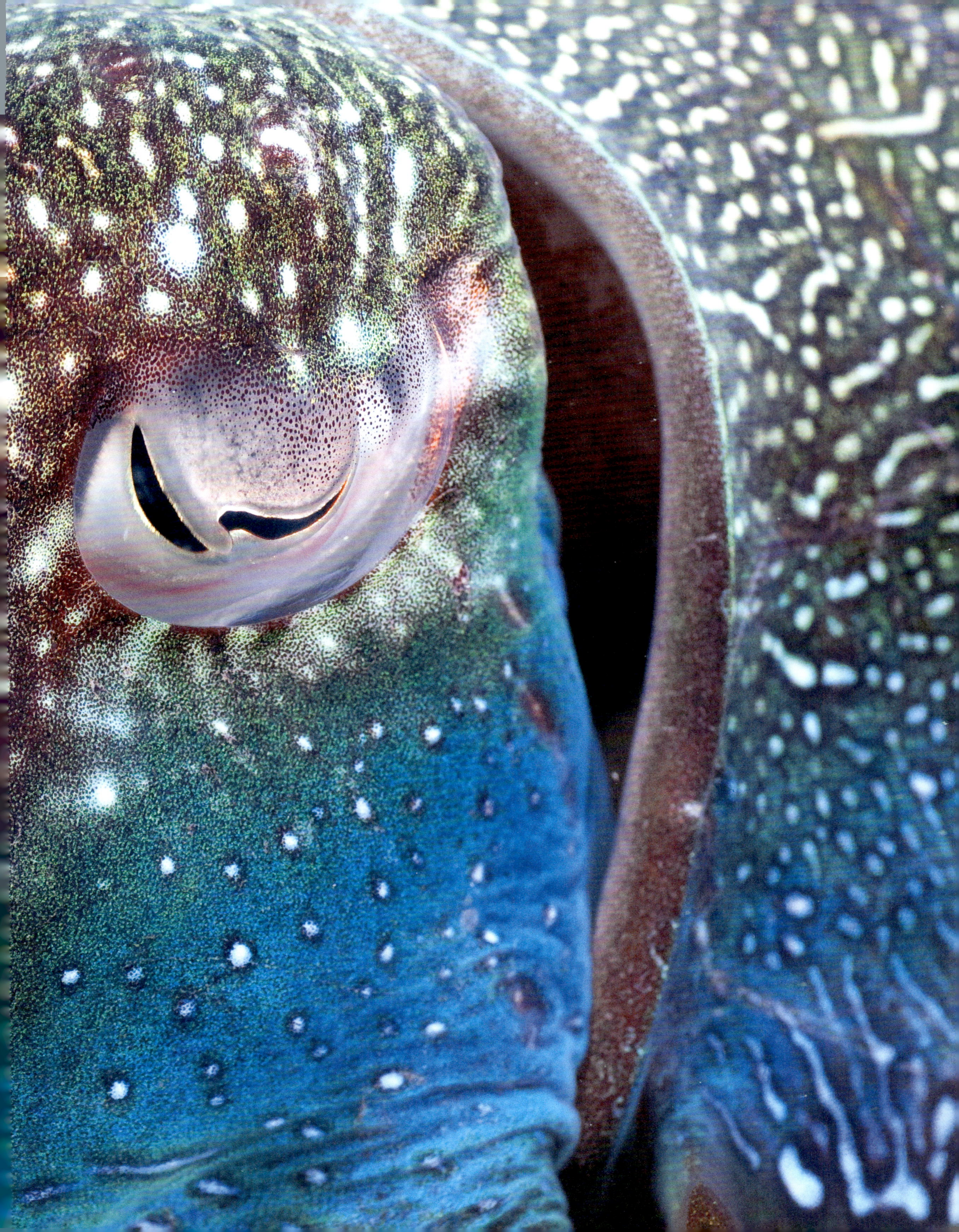

Two male giant cuttlefish compete for the favor of a female. Only the winner may mate with the lady of his choice.

Zwei männliche Riesensepien kämpfen um die Gunst eines Weibchens. Nur der Sieger darf sich mit der Dame seiner Wahl paaren.

Mating takes place head-to-head among giant cuttlefish:
The male transfers the sperm with his mating arm.

*Die Paarung erfolgt bei Riesensepien Kopf an Kopf: Die Spermien
werden vom Männchen mit dem Begattungsarm übertragen.*

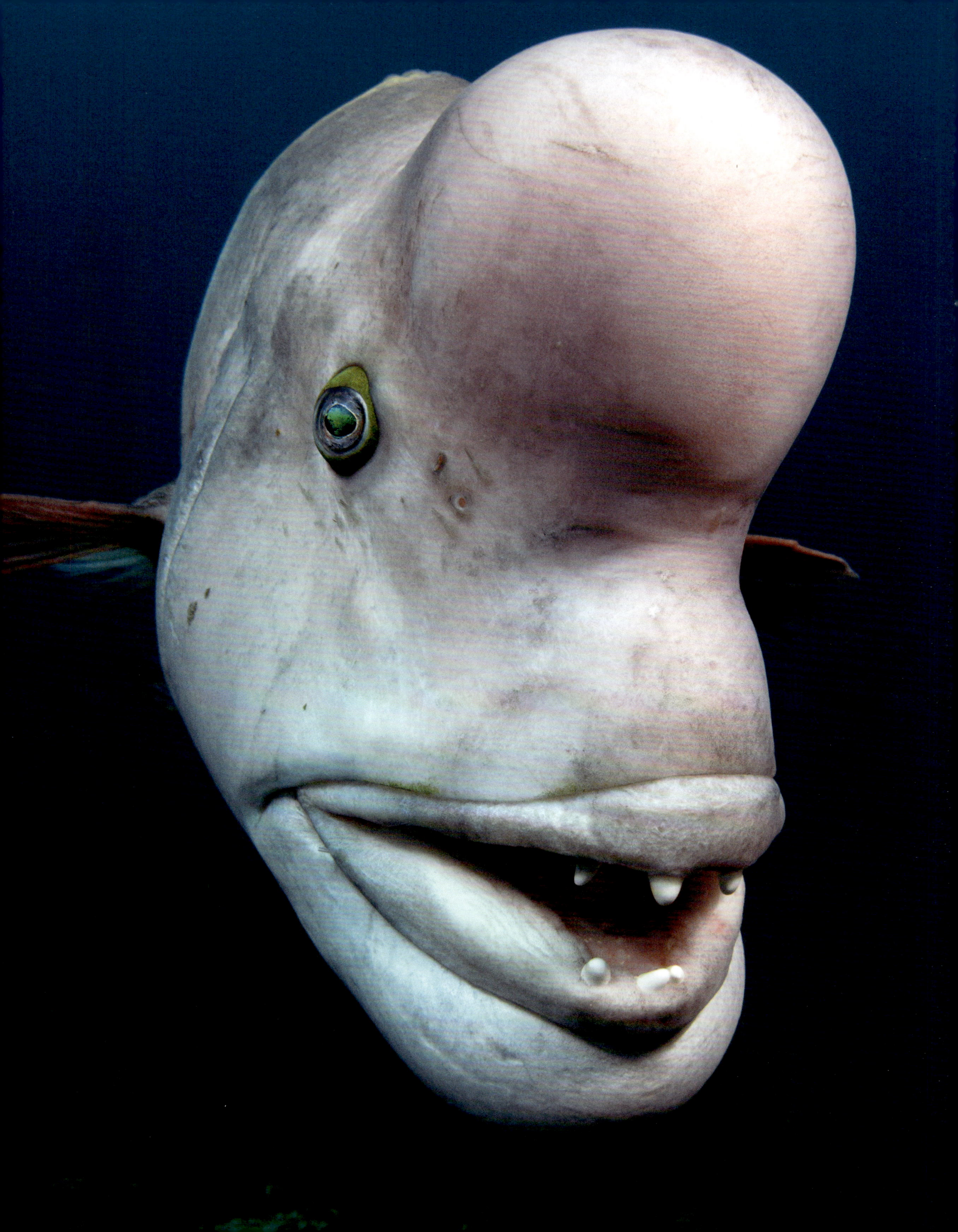

MALES OPTIONAL

FISH
FISCH

Asian sheepshead wrasses are found exclusively in the waters around Japan, Korea, and Hong Kong.

Schafskopf-Lippfische sind ausschließlich in den Gewässern rund um Japan, Korea und Hongkong zu Hause.

It really does exist: Its giant forehead bump and prominent chin makes a male Asian sheepshead wrasse unique and unmistakable.

Den gibt es wirklich: Die riesige Stirnbeule und das markante Kinn machen männliche Schafs-kopf-Lippfische unverwechselbar.

Asian sheepshead wrasse
Semicossyphus reticulatus

It's all in the name. One of the most bizarre fish found in the world's oceans is the Asian sheepshead wrasse; more specifically, the male of the species. While the females of this Asian species look relatively normal from a human point of view, the appearance of the male with an enormous bump on his forehead, a powerful chin, and bulging thick lips takes more than a little getting used to. But the Asian sheepshead wrasse has more interesting things to offer than just its grotesque appearance. These fish, which can reach 3.3 feet in length and whose Japanese name *kobudai* means "lump" or "bump," are hermaphrodites, meaning that they have both male and female sex organs. This allows them to change their sex if necessary. To be more precise, sheepshead wrasses are called protogynous hermaphrodites, which are creatures that begin their lives as females, only to mature into males at a later age. The former females then of course not only look like males, they also act like males, defending their territory with great vehemence against intruders and mating (at least in the ideal case) with several females.

Asiatischer Schafskopf-Lippfisch
Semicossyphus reticulatus

Einer der bizarrsten Fische der Weltmeere ist – nomen est omen – der Schafskopf-Lippfisch. Genauer gesagt, der männliche Schafskopf-Lippfisch. Während die Weibchen dieser asiatischen Art aus menschlicher Sicht relativ normal aussehen, ist die Erscheinung des Männchens mit seiner riesigen Stirnbeule, dem mächtigen Kinn und den wulstigen »Schlauchbootlippen« schon mehr als gewöhnungsbedürftig. Doch der Schafskopf-Lippfisch hat mehr Interessantes zu bieten als sein groteskes Äußeres. Bei den bis zu einem Meter langen Fischen, in deren japanischem Namen *Kobudai* der Begriff »Klumpen« oder »Beule« steckt, handelt es sich nämlich um Zwitter, also Tiere, die sowohl über männliche als auch über weibliche Geschlechtsorgane verfügen. Ein Faktum, das es ihnen erlaubt, bei Bedarf ihr Geschlecht zu wechseln. Genauer gesagt, handelt es sich bei Schafkopf-Lippfischen um sogenannte »protogyne« Zwitter, also Tiere, die ihr Leben als Weibchen beginnen, um dann später, in einem höheren Alter, zu einem Männchen heranzureifen. Die ehemaligen Weibchen sehen dann natürlich nicht nur wie ein männliches Tier aus, sondern verhalten sich auch wie eines: Sie verteidigen ihr Revier mit großer Vehemenz gegen Eindringlinge und paaren sich (zumindest im Idealfall) mit mehreren Weibchen.

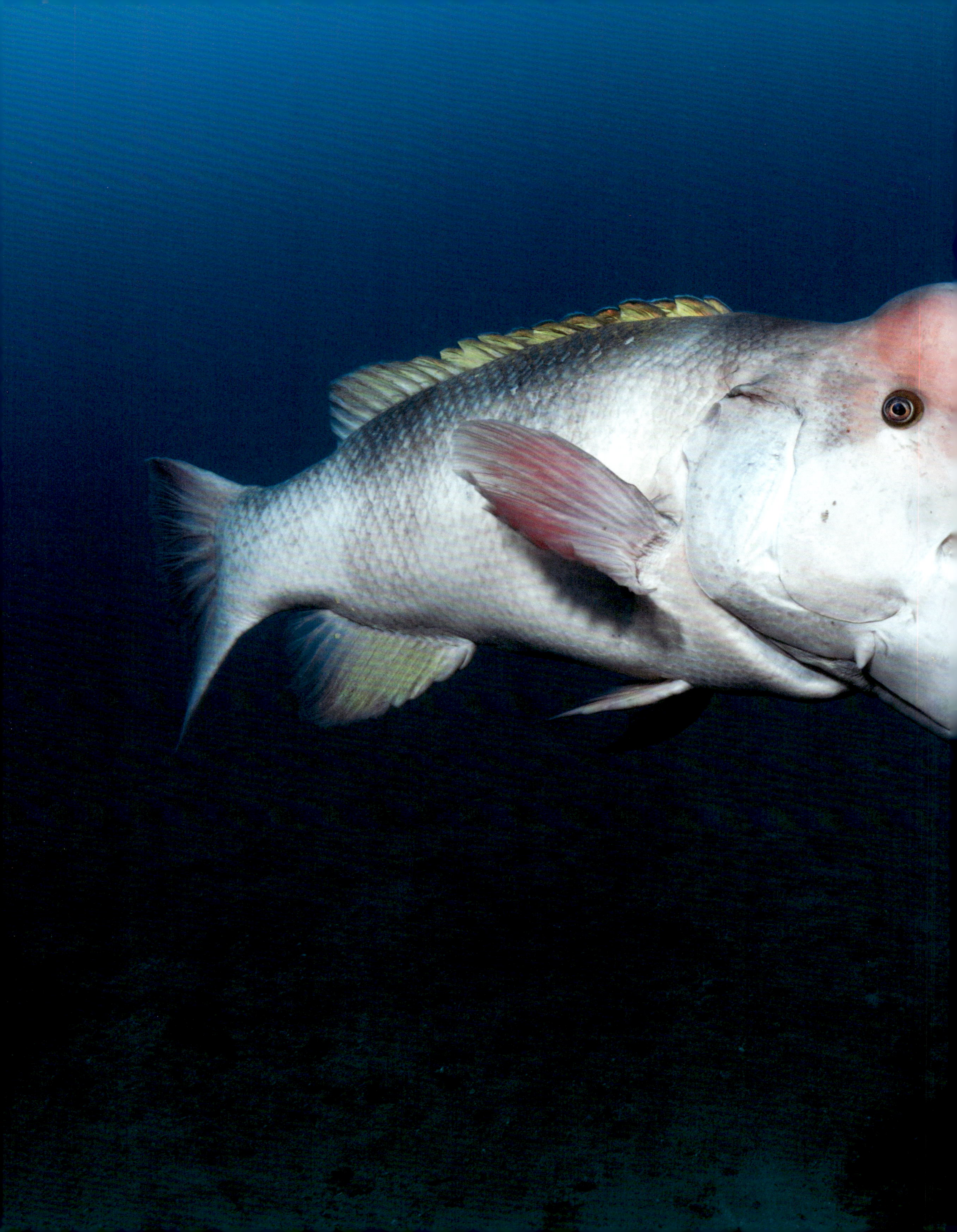

Territorial disputes: Two male Asian sheepshead wrasses fight fiercely to dominate their territory.

Territorialstreitigkeiten: Zwei männliche Schafskopf-Lippfische kämpfen erbittert um die Vorherrschaft im Revier.

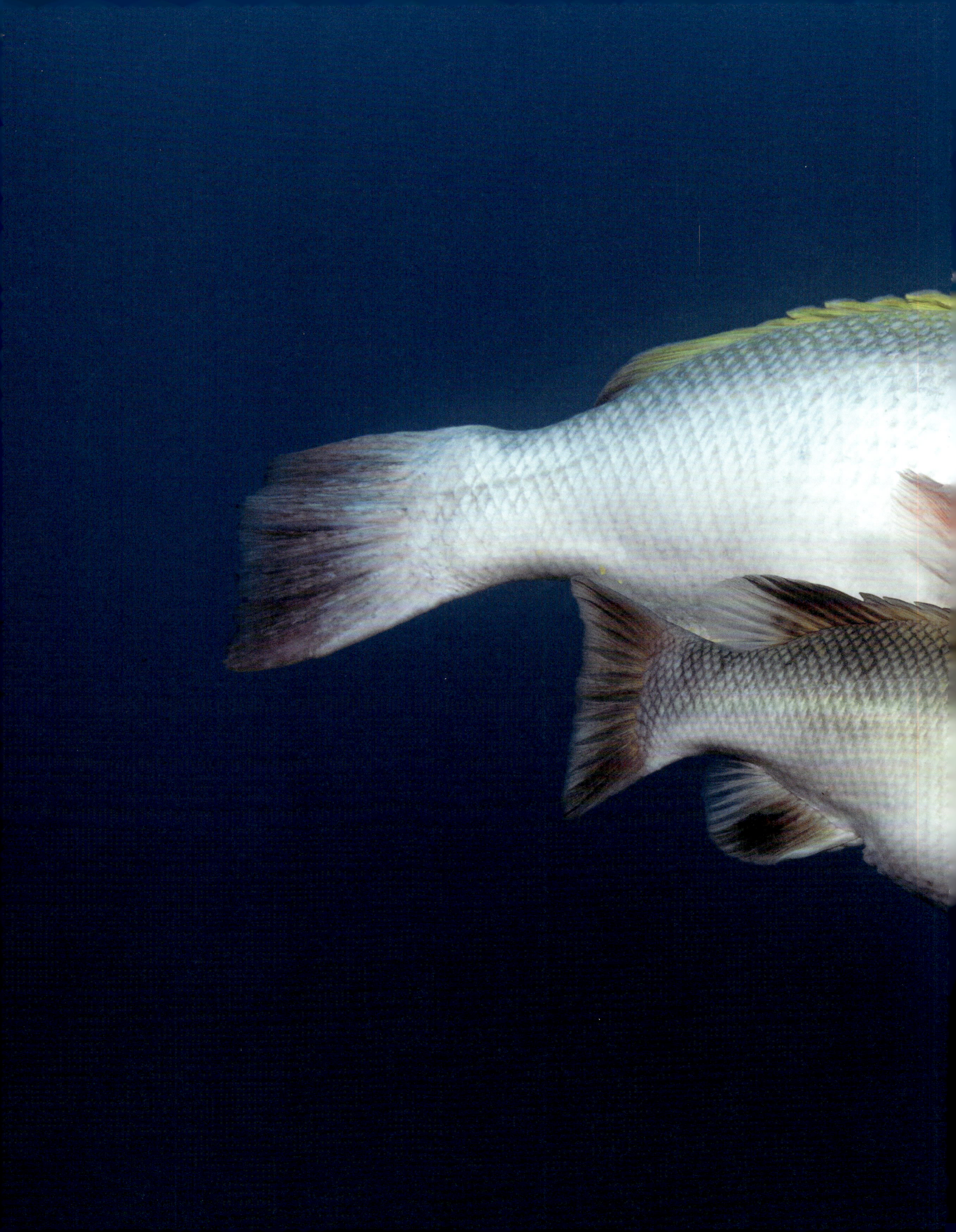

The female Asian sheepshead wrasse is much smaller than the male and has a dainty bump on her forehead. You can tell by the bulge in her abdomen that she is carrying eggs inside.

Der weibliche Schafskopf-Lippfisch ist viel kleiner als das Männchen und kommt mit einer zierlichen Stirnbeule daher. An der Wölbung des Bauchs erkennt man, dass das Weibchen Eier darin trägt.

Dr. Mario Ludwig

Dr. Mario Ludwig gained widespread public recognition with numerous television appearances on various talk shows and other programs in Germany.

He has published 30 books to date. In these books, the Karlsruhe-based biologist deals with various aspects of the natural world in an entertaining and humorous manner. Some of his books have made it onto Amazon's bestseller list, along with the bestseller lists of popular magazines.

With his doctorate in biology, he presents new insights from the world of science in his weekly radio broadcasts, and his podcast *Wie die Tiere … (How do animals …)* is definitely worth a listen.

Dr. Ludwig is also a regular contributor to several animal and nature magazines, as well as other periodicals in Germany and Switzerland.

Dr. Mario Ludwig

Einer breiten Öffentlichkeit bekannt wurde Dr. Mario Ludwig durch seine zahlreichen Auftritte in TV-Talkshows und anderen Fernsehsendungen (Johannes B. Kerner, 3 nach 9, Frank Elstners Menschen der Woche, Galileo Mystery, Welt der Wunder, Planet Wissen, Tigerentenclub, TV Total, …).

30 Bücher, in denen er sich unterhaltsam und humorvoll mit den Phänomenen der Natur auseinandersetzt, hat der Karlsruher promovierte Biologe bisher veröffentlicht. Einige davon schafften es bis auf die Spiegel-Bestsellerliste.

Wöchentlich stellt er in seinen Sendungen »Das Tiergespräch« im Deutschlandfunk Nova und »Tiere« bei Radio Bremen neue Erkenntnisse aus der Wissenschaft vor. Hörenswert auch sein Podcast »Wie die Tiere …«, dessen Folgen u. a. in der ARD-Mediathek abrufbar sind.

Ludwig schreibt regelmäßig für die Zeitschriften »TIERWELT SCHWEIZ«, »BADISCHE NEUESTE NACHRICHTEN«, »KONRADSBLATT« und »LANDKIND« sowie für die »PFORZHEIMER ZEITUNG«.

PICTURE CREDITS
BILDNACHWEISE

Maxime Aliaga 14-1, 14-2, 15;
Ingo Arndt/Minden 64, 68, 69;
Eric Baccega 32, 34/35, 46;
Franco Banfi 190/191;
Benjamin Barthelemy 150;
Gary Bell/Oceanwide/Minden 198, 199;
Lorraine Bennery 152, 153;
Espen Bergersen 54/55, 56/57;
Neil Bromhall 78/79, 80/81;
Will Burrard-Lucas 60/61;
Luciano Candisani/Minden 192;
Bernard Castelein 83, 85;
Stefan Christmann 36, 38/39, 40-2, 41;
Lou Coetzer 108, 109;
Brandon Cole 195;
Christophe Courteau 63, 188;
Tui De Roy 178/179;
Tui De Roy/Minden 171;
Denis-Huot 17, 21-2;
Andres M. Dominguez 94/95;
Georgette Douwma 180/181;
Guy Edwardes 105;
Chris & Monique Fallows 117, 118/119, 120, 121;
David Fleetham 145;
Jürgen Freund 183, 184/185, 187;
Nick Garbutt 86;
Sergey Gorshkov/Minden 136/137;
Danny Green 44/45;
Graeme Guy/BIA/Minden 26;
Charlie Hamilton-James 97;
Paul Harcourt Davies 154/155;
Steven Kazlowski 47;
Klein & Hubert 6/7;
Pascal Kobeh 176;

Tim Laman 27, 88/89, 122, 124/125, 126, 127-1, 127-2, 128/129;
Magnus Lundgren/Wild Wonders of China 148/149, 166/167;
Mark MacEwen 135, 172/173;
Thomas Mangelsen/Minden 43;
Juan Carlos Munoz 130/131, 186;
Alex Mustard 48/49, 146/147;
Piotr Naskrecki/Minden 162, 164, 165;
Ralph Pace/Minden 112/113;
Andy Parkinson 98, 102-1;
Michael Pitts 174, 175;
Yashpal Rathore 18/19;
Fiona Rogers 71, 72/73, 75;
Gabriel Rojo 142/143;
Andy Rouse 20, 21-1, 33, 93, 96, 100/101, 102-2, 138/139;
Cyril Ruoso 10, 84;
Debapratim Saha/BIA/Minden 22, 24/25;
Francois Savigny 193;
Kevin Schafer 87-1;
SCOTLAND: The Big Picture 103;
Roland Seitre 196/197;
Anup Shah 12/13, 59, 62, 74, 87-2;
David Shale 157, 160-2, 161;
Ann & Steve Toon 29, 30/31;
Wim van den Heever 106/107;
Visuals Unlimited 76;
Norbert Wu/Minden 40-1, 140;
Tony Wu 52, 110, 114, 115, 200, 202/203, 204/205;
Solvin Zankl 66/67, 158/159, 160-1

All photos/Alle Fotos © Nature Picture Library

nature picture library

Nature Picture Library is one of the world's finest sources of wildlife and nature photos and footage, representing more than 500 leading photographers with worldwide coverage. They support and promote truthful, ethical nature photography and regularly donate to a number of conservation charities in order to support their vital work.
For more information, visit
www.naturepl.com

Die **Nature Picture Library** gehört zu den weltweit führenden Anbietern hochklassiger Tier- und Naturaufnahmen. In ihrem Portfolio finden sich realistische, ethische Fotos und Videos von mehr als 500 exzellenten Fotografinnen und Fotografen. Mit einem Teil der Erlöse unterstützt die Nature Picture Library wichtige Naturschutzprojekte.
Mehr Information finden Sie unter
www.naturepl.com

© 2021 teNeues Verlag GmbH

Texts: © Dr. Mario Ludwig. All rights reserved.
Translations by Robin Limmeroth
Editorial Coordination by Roman Korn, teNeues Verlag
Production by Nele Jansen, teNeues Verlag
Photo Editing, Color Separation by Jens Grundei, teNeues Verlag
Picture Research by Rachelle Morris, Nature Picture Library
Design by Eva Stadler
Book Composition by Ewald Tange
Copyediting by Ewald Tange and Eva Stadler
Proofreading by Nadine Weinhold, teNeues Verlag

Cover photo: 2630ben/Shutterstock

ISBN: 978-3-96171-352-3 (German version)
ISBN: 978-3-96171-351-6 (English version)
Library of Congress Control Number: 2021946345
Printed in Slovakia by Neografia a.s.

Picture and text rights reserved for all countries. No part of this publication may be reproduced in any manner whatsoever.

While we strive for utmost precision in every detail, we cannot be held responsible for any inaccuracies, neither for any subsequent loss or damage arising.

Every effort has been made by the publisher to contact holders of copyright to obtain permission to reproduce copyrighted material. However, if any permissions have been inadvertently overlooked, teNeues Publishing Group will be pleased to make the necessary and reasonable arrangements at the first opportunity.

Bibliographic information published by the Deutsche Nationalbibliothek: The Deutsche Nationalbibliothek lists this publication in the Deutsche Nationalbibliografie; detailed bibliographic data are available on the Internet at dnb.dnb.de.

Published by teNeues Publishing Group

teNeues Verlag GmbH
Werner-von-Siemens-Straße 1
86159 Augsburg, Germany

Düsseldorf Office
Waldenburger Str. 13
41564 Kaarst, Germany
e-mail: books@teneues.com

Augsburg/München Office
Werner-von-Siemens-Straße 1
86159 Augsburg, Germany
e-mail: books@teneues.com

Berlin Office
Lietzenburger Str. 53
10719 Berlin, Germany
e-mail: books@teneues.com

Press department Stefan Becht
Phone: +49-152-2874-9508 /
       +49-6321-97067-97
e-mail: sbecht@teneues.com

teNeues Publishing Company
350 Seventh Avenue, Suite 301,
New York, NY 10001, USA
Phone: +1-212-627-9090
Fax: +1-212-627-9511

www.teneues.com

teNeues Publishing Group
Augsburg/München
Berlin
Düsseldorf
London
New York

teNeues